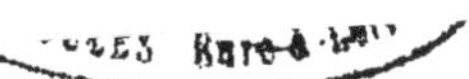

LES SOUPES SCOLAIRES

PAR

P. CÉSAR.

Ce travail a obtenu un 1er prix au concours ouvert par les soins de la : LONDON SCHOOLS DINNER ASSOCIATION.

1890.

Londres:
IMP. SIR JOSEPH CAUSTON ET FILS,
9, EASTCHEAP, E.C., et SOUTHWARK STREET, S.E.

LES SOUPES SCOLAIRES

PAR

P. CÉSAR.

Ce travail a reçu un 1er prix au concours ouvert par les soins de la : LONDON SCHOOLS DINNER ASSOCIATION.

Londres :
IMP. SIR JOSEPH CAUSTON ET FILS,
9, EASTCHEAP, E.C., et SOUTHWARK STREET, S.E.

1890.

OBSERVATION GÉNÉRALE.

Cette étude repose sur les renseignements officiels qui m'ont été envoyés par :

1. M. le Dr. LARDY, ministre plénipotentiaire de la Suisse auprès de la République française (pour la France).
2. M. le Dr. ROTH, ministre plénipotentiaire de la Suisse auprès de l'empire d'Allemagne (pour l'Allemagne).
3. M. AEPPLI, ministre plénipotentiaire de la Suisse auprès de l'empire austro-hongrois (pour l'Autriche).
4. M. RIVIER, consul général suisse pour la Belgique et l'Etat du Congo (pour la Belgique).
5. M. le Dr. GOBAT, directeur de l'éducation, à Berne; M. le Dr. ZUTT, directeur de l'éducation, à Bâle; M. E. RICHARD, chef du département de l'instruction publique, à Genève; M. P. HIRZEL, directeur des écoles, à Zurich.

A tous ces Messieurs, de même qu'à M. N. DROZ, conseiller fédéral et à M. DE CLAPARÈDE, ministre suisse à Washington, j'adresse mes plus sincères remerciements.

P. C.

N.B.—Les passages, les chiffres, les observations et les expériences faites que je cite au cours de ce travail, sont puisés *textuellement* dans les rapports que m'ont adressés les personnes, hommes d'Etat et diplomates, indiquées ci-dessus.

LES
SOUPES SCOLAIRES.

Sinite puerulos venire ad me !
(*Mar.* 10, 14.)
Par l'instruction à la liberté.
(*Devise du "Grütli" suisse.*)
Ventre affamé n'a pas d'oreilles.
(*Proverbe vulgaire.*)

NOUS dédions ce modeste travail à tous ceux qu'intéresse et qu'apitoie le sort parfois si malheureux des enfants du pauvre, de ces jeunes petits êtres qui, à peine dans la société où ils entrent par la porte de l'école, font déjà connaissance avec cette chose affreuse dont le nom devrait être rayé du langage humain : La misère. Nous avons l'espoir que ces hommes de cœur puiseront, dans les pages suivantes, le désir de continuer leur œuvre, c'est-à-dire d'unir leurs forces et leurs superflus, afin de secourir la partie de la génération qui s'avance pour laquelle l'institution des Soupes scolaires a été créée. L'enfant est une plante fragile, qui a besoin d'air pur et de soleil, de nourriture chaude et de soins intelligents. Il suffit que l'un ou l'autre de ces divers éléments viennent à lui manquer pour que son développement s'arrête, soit en tout cas très incomplet, et pour que naisse le germe des maladies futures, par conséquent de la pauvreté, de l'indigence. En d'autres termes, si l'on veut pleinement réaliser le précepte antique, *mens sana in corpore sano*, il faut, à côté des jeux et des exercises gymnastiques, faire jouir l'enfant d'une alimentation saine et abondante, fortifiant le corps et permettant à l'esprit d'acquérir l'instruction nécessaire à la simple pratique de la vie. Voilà une tâche, et une tâche belle et grande, tout à fait philanthropique dans le vrai sens du mot : Aussi n'aurons-nous pas inutilement travaillé si, par cette étude, nous contribuons à l'accomplir.

I.

Quand on n'étudie que le côté pour ainsi dire extérieur de notre monde contemporain, de la société actuelle, on est tout de suite frappé du développement grandiose et presque inattendu qu'ont pris les arts et les sciences, l'industrie et le commerce. Ce mouvement tient du merveilleux. L'homme ne connaît bientôt plus de limites. Son esprit entend parcourir tous les domaines, se rendre compte de tous les événements, interroger tous les mystères de la nature, qui semble se prêter volontiers à cette expérience. Il aborde la discussion de tous les problèmes, ouvre des horizons nouveaux sur les questions sociales et paraît devoir rechercher le bonheur terrestre dans le plein épanouissement de ses facultés mises au service des plus grandes inventions de ce siècle. Les peuples s'apprécient de jour en jour ; les frontières ne sont plus des barrières infranchissables et la fraternité, cette belle chose que les temps modernes finiront bien par consacrer, commence à féconder les œuvres les plus humanitaires.

Les perfectionnements apportés dans l'outillage des machines ont permis de décupler, de centupler la production. On est emporté comme dans un tourbillon et l'on voudrait s'arrêter, dire : nous n'irons pas plus loin qu'on ne le pourrait plus. Il faut marcher avec le temps, se soumettre à la masse qui dicte les lois et s'efforcer de maintenir l'équilibre de sa personne et de sa destinée.

Malheur aux faibles ! criait-on jadis. L'égoïsme n'est pas éteint, tant s'en faut ; cependant, il ne règne plus comme autrefois et déjà s'annonce comme une nouvelle aurore, l'aurore d'une société plus juste, plus forte, plus maîtresse d'elle-même, puisque les grands s'associeront aux petits pour résoudre les graves problèmes qui se posent devant notre génération en fièvre.

Les centres populeux ont vu leurs habitants s'augmenter dans des proportions incroyables. La vapeur et l'électricité, les deux plus puissants propagateurs de la civilisation, avec la parole imprimée, ont transformé comme par un coup de baguette magique la surface de notre globe. Les voies de communications se multiplient à l'infini. En vingt-quatre heures on fait un trajet qu'il y a un siècle on mettait dix jours à parcourir. A cinquante lieues de distance, la voix humaine porte des nouvelles tristes ou gaies, des souhaits de cœur ou des combinaisons d'affaires. Les découvertes faites en chimie et en mécanique ont remplacé les procédés anciens par des méthodes plus pratiques et surtout plus lucratives, grâce auxquelles les produits les plus variés, les bons comme les mauvais, sont offerts à la consommation générale.

Avec ce changement à vue, qui a l'air d'un décor d'opéra nouveau, où l'homme est toujours l'acteur principal, les besoins de la créature sont devenus plus nombreux aussi. Il y a certes plus de bien être qu'aux âges enfuis, ce qui ne veut du tout pas dire que nous soyons plus heureux ni plus satisfaits. Notre nature, éveillée par les bruits du monde, de la société qui s'agite, est avide de jouissances. On se hâte de travailler pour vivre plus vite à l'aise, quitte à tomber en route, dans un trou noir qui s'appelle la ruine. Beaucoup partent avec espoir, des talents et des moyens divers : plusieurs manquent le but. Tels ces vaisseaux qui voyagent pour des contrées lointaines et qui vont se briser sur les récifs, à fleur de mer.

La liberté d'établissement qui sera demain le principe de tous les États civilisés ; la liberté politique, dont chaque pays jouit dans une mesure plus ou moins large ; la liberté de conscience et de parole, les deux privilèges les plus sacrés de l'humanité, lorsqu'elle sait en user sagement pour son développement moral ; toutes ces libertés, pour s'épanouir ainsi qu'elles le doivent et le peuvent, rendent obligatoire l'instruction des masses populaires, établissent la nécessité d'une école publique, soit officielle, soit privée, où les enfants de tous, mais plus particulièrement encore ceux du pauvre, de l'ouvrier, de la famille enfin vivant au jour le jour, ont l'occasion et la facilité d'enrichir leur esprit des connaissances les plus élémentaires de la vie pratique. Car la lutte est vive, la concurrence formidable ; et si, aux âges anciens, il fallait, en tout premier lieu, subir la loi du plus fort, en nos temps modernes, malgré les guerres néfastes qui désolent l'humaine société, il est indispensable de mettre en jeu toutes les facultés que Dieu nous a départies et qu'une instruction et une éducation solides doivent absolument développer. Le célèbre axiome de Darwin, dont, par parenthèse, on abuse beaucoup trop, principalement pour légitimer des actions que n'eût pas approuvées le savant anglais lorsqu'il le formulait, est plutôt vrai sur le terrain purement intellectuel que sur celui de la force physique, du moins à notre époque de transformisme : ce n'est plus, en effet, le plus fort qui triomphe le plus aisément des difficultés de toutes sortes contre lesquelles nous allons buter souvent, c'est le plus habile, le plus richement et intelligemment doué. Aussi en résulte-t-il et d'une manière certaine, que celui-là sera le premier qui, une fois ayant atteint l'âge d'homme, dispose d'une bonne santé, fortifiée par tous les exercices qu'une sage hygiène conseille, et unie à un esprit qu'une instruction sommaire a rendu véritablement supérieur et libre.

Mais, si tels sont les dehors de notre société, de cette civilisation qui nous frappe et dont on admire les créations dans les expositions universelles, la vie des grandes villes, le luxe qu'elles déploient, dans le raffinement que l'on met en ses plaisirs, ses joies et même en ses opinions pessimistes sur l'existence d'aujourd'hui ; si ce côté brillant éclate à chaque intant, à propos d'une réjouissance, d'un festin quelconques, il n'en est pas moins vrai non plus que ce n'est pas toute l'humanité, tout le monde de notre époque, si riche en contrastes tangibles, et que, bien au-dessous des classes dirigeantes et une partie des classes dirigées, tout au bas de l'échelle sociale, près de la machine qui souffle bruyamment, dans l'atelier souvent mal aéré, au fond des logements sombres qu'enveloppent des espaces insalubres, il existe des hommes aussi, des pères, des mères et des enfants, qui, à première vue, semblent constituer à eux seuls une corporation nouvelle, la corporation des pauvres, des infortunés, des malheureux, dont la veille a été une peine, un labeur fatigant et dont le lendemain continuera le même labeur, la même peine, monotone, énervante. C'est l'ombre de notre tableau, la tache d'huile qui se répand sur une étoffe de prix, un produit à rebours de la civilisation.

Que si l'on descend dans ce monde, la cour des miracles de l'humanité, tout cœur humain, s'il n'est pas saturé d'égoïsme, se sent pris d'une compassion, d'une pitié infinie. On assiste alors à tous les ravages de la misère physique et morale. Les salaires modiques se dépensent au fur et à mesure qu'ils entrent dans les familles ; deux ou trois jours de maladie ou une semaine de chômage forcé vident les buffets et commencent la dette chez les fournisseurs, laquelle rarement s'éteindra, tant les mois qui suivent se ressemblent. Pour se distraire, pour oublier tous les écœurements d'une misérable existence, il arrive souvent que le père et la mère s'adonnent aux boissons alcooliques, espérant trouver, dans la satisfaction de ces passions abrutissantes, la félicité rêvée qui ne se présente jamais. Et dans cette atmosphère que n'illuminent pas toujours les honnêtes joies du foyer, les viriles résolutions de lutter contre le mal envahissant, les enfants sont procréés : ils naissent dans le vice ou, en tout cas, dans l'émotion fugitive d'une ivresse mauvaise. On pourrait peut-être remédier encore à cet état de choses, car notre nature est merveilleusement construite, si, dès que ces petits êtres sont sur la terre, ils recevaient une nourriture saine et abondante; mais, non ! ce n'est pas le cas. La situation pécuniaire de la famille, qui ne s'améliore pas, bien que les enfants augmentent, éloigne cette illusion : le corps restera donc chétif et l'esprit, dans de telles conditions, loin de se développer, suivra le sillon qu'auront tracé les parents. La société comptera des infortunés de plus et des hommes de moins.

On ne saurait ni n'oserait le nier : le paupérisme est la plaie la plus saignante, la plus hideuse de notre époque. C'est la source de la plupart des autres misères. Il fournit les artisans du crime, jette la jeune fille, la femme sur le pavé, à la quête du morceau de pain. Il se montre partout et étale aux regards sa purulence physique et morale. Quand les ancêtres de la génération de maintenant cultivaient leur champ, autour de leur cabane, ils étaient pauvres, mais pas beaucoup à plaindre ; de nos jours, c'est, d'une part, le luxe dans le haut et, d'autre part, le dénuement dans le bas de la société qui ont fait découvrir l'abîme profond qui s'ouvre devant nous.

Les causes du paupérisme—et nous entendons par ce mot : la misère—sont nombreuses et variées. Un auteur les classe sous deux dénominations. Les causes internes et les causes externes : parmi les premières, citons la paresse, l'inconduite et l'alcoolisme ; dans les secondes nous plaçons l'ignorance, l'organisation du travail, les crises diverses, les accidents, la maladie, la vieillesse et la mort. Dès que l'affreuse gangrène attaque le corps, l'âme, la meilleure partie de notre personnalité, ne résiste plus que malaisément. On sacrifie tout à ses pires instincts ; une vie d'expédients remplace une existence de labeurs honnêtes et, lorsqu'un père et une mère en sont arrivés à ce degré d'abaissement, la démoralisation est complète et fleurit au foyer où il eût été cependant possible de vivre d'une manière convenable, sinon heureuse, avec quelque prévoyance, une volonté plus ferme, une éducation et une instruction suffisantes.

Ce n'est pas dans le but que poursuit cette étude de nous étendre davantage sur ce problème social qui résume tous les autres, sur cette grave question, dont la solution toujours cherchée n'est pas prête sans doute à être formulée. Disons seulement, et en passant, que deux grands principes sont vivement discutés : le socialisme par l'Etat et le socialisme par l'individu ou par la corporation. La première conception, l'Etat faisant tout, distribuant le travail et assurant le pain, oui, je voudrais qu'elle pût se réaliser; mais je crains que ce ne soit qu'une . , . . généreuse utopie. Quant à la seconde, elle susciterait certainement de sublimes dévouements, de beaux sacrifices, mais nous la croyons aussi impuissante à satisfaire à la nécessité qui s'impose de lutter contre les ravages de la misère.

Loin de nous l'orgueil de penser que nous possédons la clef qui ouvre toutes les portes et que nous sommes à même d'indiquer la recette qui guérit tous les maux Toutefois, il nous semble qu'il y aurait un terrain d'entente, où tous les hommes de cœur, le grand nombre, espérons-nous, pourraient se rencontrer, se tendre la main et tenter la bataille suprême. L'Etat ne doit naturellement pas se désintéresser d'une aussi formidable entreprise, il doit exercer toute sa légitime influence, coopérer à cette œuvre, le bien-être de tous, qui est bien l'un de ses principaux devoirs. Alors, de cette façon, en unissant les efforts individuels et ceux des gouvernements, par une organisation générale et parfaite des caisses de secours, d'assurance en cas de maladie et d'accidents, des caisses pour la vieillesse et en cas de mort ; par une plus équitable répartition des salaires, l'établissement de tarifs concordataires pour les mêmes industries ; par la règlementation sevère du travail des femmes et des enfants dans les fabriques, la cessation des guerres qui sont, pour les uns, la source d'une misère épouvantable, d'une ruine complète, pour les autres, d'une richesse trop grande et quelquefois très louche, donc d'inégalités sociales ; et, surtout aussi par des idées plus saines, plus justes, plus raisonnablement chrétiennes et humaines, par une notion plus nette et plus ferme des droits et des devoirs de l'individu comme membre de la société, une instruction universellement et plus libéralement répandue ; si toutes ces réformes aboutissaient, grâce aux généreuses initiatives que chaque jour enfante, on verrait à coup sûr la misère non pas disparaître entièrement, mais tellement diminuée qu'elle n'oserait plus s'étaler en pleine lumière et qu'il serait plus facile encore de la poursuivre jusque dans ses derniers retranchements.

Car elle existe, cette pieuvre aux puissantes tentacules : la faim, qui est sa compagne, qu'elle associe à son œuvre de destruction physique et morale, la faim crie ses souffrances à notre siècle d'une voix lamentable, déchirée de sanglots qui ont l'accent du dernier râle. Ne lisais-je pas, dans les feuilles publiques de cette semaine, qu'à Paris et dans l'espace de quelques heures, on avait constaté six décès dont l'unique cause était la faim : quatre suicides et deux morts dans les rues ? N'est-ce pas horrible, ce brutal et poignant fait divers, entre la description d'une fête brillante, d'un repas somptueux et une nouvelle mode de haut luxe ?

Et ce ne sont malheureusement pas des histoires inventées à plaisir. Mais, est-ce à dire que l'on n'ait jamais essayé de combattre la misère ? Non pas ! Au contraire, il nous paraît à peu près certain que dès les premiers siècles de l'ère humaine, aussitôt que deux hommes ont été liés par une sympathie réciproque, l'un a aidé à l'autre. C'est d'ailleurs très naturel. Malgré la rudesse des mœurs, la grossièreté de l'enveloppe primitive, il y avait au fond de tous les êtres, comme il y a et il y aura toujours, un sentiment bon, généreux, qu'il suffit d'éveiller pour le voir s'epanouir, souvent d'une manière imprévue, mais qui, une fois en vie, en activité, cherche à se satisfaire en soulageant le prochain.

L'antiquité l'a aussi connue, cette vertu que le christianisme allait enseigner à tous les peuples, qui est la base, l'essence et la couronne de la doctrine nouvelle : nous avons nommé la charité. Si le mot est plus récent, l'idée est ancienne : nous voulons croire qu'elle a l'âge du monde. L'histoire d'Israël—et si je cite cette nation ce n'est que pour y prendre mon exemple—nous raconte le joli poème de Ruth et de Booz, de la glaneuse, qui trouvait plus d'épis que les moissonneurs n'en laissent ordinairement après eux. Oui, nous le reconnaissons : ce sentiment était moins répandu, moins général qu'il ne l'est à présent ;

mais, il palpitait dejà, tout en ayant aussi de nombreuses occasions de se manifester.

L'homme aura toujours des pauvres avec soi, a dit le Nazaréen. Nous ne le voyons que trop bien, plus de dix-huit siècles après l'époque où la nouvelle lumière a ébloui le monde antique. À travers tous les âges de la chrétienté, fidèles aux paroles du Maître, des cœurs haut placés ont accepté comme une tâche sacrée de secourir les infortunés de toutes sortes. Diverses sociétés se sont fondées dans ce but ; des ordres religieux ont considéré ce devoir comme leur règle première ; et, quand le monastère s'est élevé, dans l'honnêteté et la sainteté de son origine, il a ouvert ses portes très larges aux misères humaines. Les rois partaient en guerre les uns contre les autres ; l'église officielle organisait les croisades et les disputes théologiques ; à côté, et presque dans l'ombre, quelques pauvres moines défrichaient la terre, les corporations assuraient le travail et le bien-être à leurs membres et la commune, en s'établissant, prenait la charge de veiller à la bonne administration de la cité. Les malheureux étaient-ils alors en plus grand nombre que maintenant, toute proportion gardée ? Il ne nous est guère possible de répondre à cette question, car, pour ces temps envolés, nous n'avons pas la statistique à notre disposition, dont les chiffres seront, dans l'avenir, une puissant moyen d'organisation.

Peu à peu, et comme une conséquence logique des progrès réalisés pas à pas, la société se transforme ; l'idée religieuse qui réside au début dans la fraternité des peuples, cède la place à une opinion plus humaine. La Réforme, la découverte de l'imprimerie, puis les diverses révolutions qui se succèdent, rompent les barrières étroites entre lesquelles les nations se sont agglomérées. Un esprit philosophique et philanthropique, large et vraiment social, naît, pose ses prémisses et tire ses conclusions : L'homme est le frère de l'homme, il doit donc le secourir, non pas seulement parce qu'on a enseigné, prêché cette vérité, mais parce que c'est le devoir d'un être raisonnable de faire le bien pour le bien lui-même. On se préoccupe déjà de la misère qui ronge, du paupérisme qui déploie ses effets ; des systèmes sont proposés, puis rejetés comme inefficaces. La charité privée soulage autant qu'elle peut les infortunes qu'elle découvre ; des institutions s'établissent qui s'efforcent d'enrayer le mal, d'atteindre le noble but ; le riche, dans un élan de générosité, sacrifie sa fortune pour des œuvres d'ulilité publique. On n'est plus des étrangers les uns pour les autres : bien que l'on parle un langage différent, que l'on n'aille pas dans le même temple ; bien que l'on soit de race anglo-saxonne, latine ou slave, on comprend qu'un lien mystérieux unit les hommes, lien bien plus fort encore que le sentiment religieux, puisque chez ceux qui ne croient plus la compassion, la pitié n'est pas éteinte. Aussi est-on fier de redire après le grand apôtre Paul, dont les paroles sont profondément humaines : Si je n'ai pas la charité, je n'ai rien. De même, pour être juste, il ne faut pas oublier qu'avant lui le poète latin Térence avait déjà écrit cette autre belle pensée : *Nihil humani a me alienum puto.*

II.

« Permettez-moi, dit le rapporteur d'un arrondissement « de Paris, de vous rappeler un exemple de cette misère « froide, navrante, silencieuse, subissant son sort sans se « plaindre, s'épuisant dans une lutte incessante, travail- « lant quand même pour déguiser ce qu'elle a d'excessif :

« Un enfant de nos colonies scolaires appartenant à « une nombreuse famille, était arrivé jusqu'alors sans « avoir mangé une bouchée de viande. Il regardait tout « ébahi ses petits camarades mettre leur serviette et « s'asseoir pour manger ; il n'avait jamais vu cela, et com-

" me on l'interrogeait, il répondit : Je n'ai jamais mangé " que du pain sec, comme ceci, sur le pouce ! Quelquefois " on me donnait un oignon cru avec mon pain. Il lui " fallut un certain temps pour s'habituer à manger comme " les autres."

" Eh bien, c'est pour ces misères-là, écrit le rappor- " teur, que je viens vous solliciter, et qui de vous n'eût " pas senti son cœur se serrer en entendant ces paroles " dites naturellement comme des choses tout ordinaires ? " Qui de vous eût refusé son obole ? "

" Tout le crime de ces enfants à été de naître, et cepen- " dant, ils sont plus maltraités que de véritables criminels. " Les vrais criminels ont dans leur prison une nourriture " suffisante assurée. Ils émeuvent l'opinion publique, on " fait grand tapage autour de leur nom ; ils sont le sujet " de toutes les conversations. C'est à qui cherchera à " les voir, s'inquiètera de leur santé. Ils coûtent plus " cher à la société que les honnêtes gens. C'est que, " lorsque la société à des reproches à faire, elle est " heureuse d'être impitoyable, mais elle n'aime pas ce qui " lui rappelle ses devoirs, et le devoir de tous est de " secourir ceux qui souffrent injustement."

" Nous vous disons donc : Venez à notre aide ! "

" Vous qui êtes riches, ne laissez pas l'enfant du " pauvre avoir faim, car il grandira, il se souviendra et ne " croira plus à la justice humaine, si l'on ne fait rien " pour lui."

Ces paroles méritaient d'être cités : l'homme fort, riche ou même jouissant d'une modeste aisance, doit s'occuper de l'enfance abandonnée, pauvre ou indigente.

C'est aussi la raison pour laquelle il à créé l'institution des *Soupes ou Cuisines scolaires.*

On aura remarqué, dans le rapide tableau esquissé au premier chapitre, que nous n'avons parlé des pauvres que d'une manière générale, que nous les avons envisagés dans leur ensemble, formant, ainsi que nous l'avons dit, comme une société dans la grande société humaine. Mais, l'objet de cet étude, ce n'est qu'une partie de ce monde. En d'autres termes, parmi tous ces malheureux, ces infortunés, ces déshérités de toutes sortes, nous devons faire un choix, prendre les plus intéressants : ce sont les enfants pauvres qui fréquentent, librement ou obligatoirement, l'école créée pour eux, pour la jeunesse de notre siècle, car cette école, telle qu'elle existe maintenant, n'a pas cent ans d'existence. Les *Soupes scolaires*, de fondation toute récente, n'ont pas d'autre cause : on a voulu soulager ces petits, ces écoliers qui, souvent, ne trouve à la maison qu'une nourriture insuffisante.

Il existe une opinion qu'on répète volontiers dans certains milieux : Puisque l'Etat, dit-on, a déclaré l'instruction obligatoire, il doit aussi fournir à l'enfant tout ce qui lui est nécessaire, de même qu'il fournit au soldat toutes les choses dont ce dernier a besoin pour exercer le métier des armes. L'analogie est assez exacte ; toutefois, il est permis de douter qu'une telle organisation de l'école populaire soit jamais décrétée. Que l'on arrive peut-être un jour à donner gratuitement aux pauvres tout le matériel scolaire et les aliments, cela, rien de mieux ! C'est dans la mesure du possible et je suis persuadé que l'écolier s'en trouvera infiniment mieux. Néanmoins, il ne faut pas perdre de vue que la famille est le lieu naturel où doit vivre l'enfant, objet de nos affections et de nos soucis. Au surplus, bien que notre époque ait des tendances à tout unifier, ou, si l'on veut, à centraliser, elle reconnaît cependant que l'influence de la famille doit pouvoir s'exercer plus ou moins librement, en dehors des restrictions que pose l'Etat.

En nous plaçant sur le terrain de la pédagogie, nous estimons que l'enfant est entravé dans son développement harmonieux, s'il prend l'habitude de se détacher, par des absences trop longues et trop fréquentes, du foyer qui l'a vu naître. L'expérience que nous avons de l'école et du monde qui nous entoure et avec lequel nous vivons depuis plusieurs années, nous fortifie dans cette idée. On voit immédiatement, dans toutes les écoles publiques—il y a des exceptions, mais rares—quels sont les enfants dont les parents s'occupent, qui trouvent, en un mot, quand ils rentrent chez eux, un père et une mère digne de ces beaux noms. Aussi voudrions-nous et de grand cœur que l'institution des Soupes scolaires ne fût pas nécessaire et que chaque enfant, après avoir passé deux ou trois heures sur les bancs de l'école, fût assuré d'avoir, en arrivant à la maison, le vivre et l'habit, le livre et le cahier. Mais, ce n'est pas possible pour le moment et nous pensons qu'il en sera longtemps encore de même.

Rien n'est plus intéressant, rien ne contribue mieux à élever la génération qui vient, que la vie de famille lorsque celle-ci est honnête, toute consacrée à l'accomplissement de la loi du devoir et du travail. Et qu'y a-t-il de plus beau que la table où s'asseoient le père et la mère, les frères et les sœurs, si, sur cette table, on sert une nourriture saine et suffisamment abondante? Il faut admirer ce tableau, à mon humble avis. Les liens deviennent plus étroits, plus sincères et plus durables, quand on a rompu le même pain durant de nombreuses années de suite. C'est d'ailleurs et dans beaucoup de ménages d'ouvriers, le seul instant de la journée, pendant toute la semaine d'ouvrage, où la famille est réunie au grand complet. Car, le matin, souvent le père s'en va dès l'aube au travail ; les enfants dorment encore et, le soir, à sa rentrée, les petits sont déjà couchés. Par conséquent, il est désirable qu'une heure vienne, laquelle nous ne saluerons peut-être jamais, où le salaire de l'artisan, de l'ouvrier de fabrique, du simple manœuvre sera assez large pour leur permettre d'entretenir la nichée, surtout si la future organisation sociale leur assurent à tous le couvert journalier, en cas d'accidents, de maladie et de crise économique momentanée.

Nous avons toutefois toujours entendu dire qu'en espérant le mieux et en travaillant de toutes ses forces pour l'obtenir, il faut faire le bien chaque fois qu'on le peut et être assez philosophe pour prendre le monde tel qu'il est et ne pas demander l'impossible. Voilà pourquoi nous sommes de l'avis que l'institution des Soupes scolaires est arrivée en son temps et pourquoi aussi nous la considérons comme l'une des plus heureuses créations de notre époque, dans le domaine de la philanthropie. Ici, le besoin naturel de compatir aux souffrances, aux misères d'autrui s'affirme, s'exerce en pleine liberté et avec la conviction que l'œuvre généreuse s'adresse à un jeune monde digne de toute notre sympathie, qui mérite tout notre intérêt. Il n'en est pas ainsi à l'égard de la population adulte. Si l'on a, on donne volontiers pour subvenir à une nécessité pressante. Mais, combien plus volontiers encore donnerait-on si l'on était sûr que son obole fût bien placée, qu'elle est réellement utile et que la personne qui la reçoit en fait un emploi convenable. Les tristes observations que nous faisons tous les jours justifient cette remarque. Tantôt c'est un père ou une mère qui gaspillent d'une façon coupable, ou seulement légère les secours qu'ils viennent d'obtenir pour leurs enfants ; tantôt c'est un incorrigible buveur qui jette en aliment à sa passion la modique somme qu'un bureau de bienfaisance lui a remise.

Ce n'est pas tout. La plupart de ceux qui tombent à la charge de la charité publique sont plus ou moins responsables de leur misérable situation. Et s'il est vrai de dire que tout homme est le propre artisan de son bonheur ou de sa destinée, il est tout aussi vrai de prétendre que nous sommes neuf fois sur dix les auteurs de notre pauvreté, de notre misère. On vit de la manière la plus insousciante ; quand le travail abonde, on ne veut renoncer à aucun de ses besoins. Au contraire, on en augmente encore le nombre, tant la folie de vivre rapidement et beaucoup s'empare de toutes les classes. Ces besoins, à la longue, deviennent des habitudes. Comme on est assez léger pour ne pas songer à l'avenir, on ne fait aucune économie. A quoi bon ? On jouit d'une robuste santé, on ne sera jamais malade, les enfants grandissent : lorsque la neige de la vieillesse couvrira les fronts ridés, ce sont eux, nos enfants, qui nous aideront. Et voilà ! On marche son bonhomme de chemin : va comme je te pousse ! Le garçon ou la fille, en âge de s'établir, ont vu le père et la mère vivre ainsi ; ils vivront donc de même. Ils se marient, les vieux sont abandonnés, parce que le jeune ménage, dès la première naissance, a du fil à retordre pour soi. Une maladie, une crise qu'on n'avait pas prévues et la faim sonne son lugubre carillon. Il faut nourrir les petits, les parents ne le pouvant plus, ou du moins pas convenablement. Des citoyens généreux s'entendent et créent les Cuisines scolaires.

Nous l'avons dit plus haut : Cette institution renferme un danger tout comme l'école populaire. Il n'y a pas de médaille sans revers. C'est d'enlever l'enfant à la famille. Je voudrais posséder une plus grande connaissance du cœur humain et du mécanisme de la société pour peindre l'influence de la famille sur le développement moral de l'homme, sur son caractère plus que sur son intelligence. Il y a effectivement deux faces à considérer dans ce problème. Si nous sommes partisan convaincu de l'instruction obligatoire, c'est que, d'expérience, nous savons que beaucoup de pères de famille—nous écrivons le mot : beaucoup—ne s'occuperaient pas autrement de leurs enfants que pour les préparer le plus tôt possible à gagner non pas aisément leur vie, mais seulement quelques sous, un salaire enfin qui resterait d'autant plus bas que ce futur ouvrier n'aura jamais pu développer toutes ses facultés. Et, cependant, aujourd'hui davantage que par le passé, ce sont justement ses enfants-là, dont on veut faire des travailleurs à peine sortis du berceau, qui ont le plus besoin d'une instruction solide, parce qu'ils seront, plus que d'autres, aux prises avec plus de difficultés pendant leur existence.

Et que voyons-nous encore ? Souvent il arrive que des parents, d'une intelligence presque au-dessous de la moyenne, du moins elle paraît telle, n'ayant peut-être pas l'occasion précieuse de s'affirmer, de faire jaillir l'étincelle sacrée, ont des enfants supérieurement bien doués, qui, forcés qu'ils sont de fréquenter l'école, ouvrent en très peu de temps leur esprit à de nouveaux horizons et deviennent parfois de ces hommes que l'on entoure d'admiration, de respect et de génie. La société n'est plus ce qu'elle était avant le dix-neuvième siècle. Maintenant tous les postes lucratifs ou honorifiques, qu'ils soient pris dans la politique, l'administration, l'industrie ou le commerce, sont accessibles à chacun : pour vaincre les obstacles, il suffit d'être vaillant, d'un caractère droit et souple et d'une intelligence large et claire. Ces hommes de talent, ou de génie, dont nous parlions tout à l'heure, sont bien les fils de leurs propres œuvres et c'est grâce, en partie, à cette nécessité de les envoyer à l'école que de pauvres familles ont eu et ont toujours le bonheur de triompher avec eux. Que seraient-ils devenus, s'ils avaient été dans la dépendance absolue d'un père et d'une mère négligents, dont l'unique souci eût été de profiter de leurs enfants ? Des malheureux aussi, du moins plusieurs. C'est encore une des raisons qui justifient l'instruction obligatoire, dont nous ne nions pas certain désavantage—c'est-à-dire l'expression même, cette violence exercée sur le chef de la famille—lequel désavantage, néanmoins, est bien inférieure aux avantages qu'elle offre à tous, principalement aux classes laborieuses qui resteraient la plupart dans l'ignorance, sans cette loi sociale. Or, puisque ces parents n'ont peut-être pas même les moyens de bien nourrir leurs enfants, il est bon que les Soupes scolaires le fassent.

Avant de passer à un autre ordre d'idées et pour donner une meilleure preuve encore de la nécessité de l'école obligatoire, rappelons que le monde ouvrier, loin d'y être défavorable, comme on pourrait le croire, la considère comme une des plus belles conquêtes des temps modernes. Il en apprécie hautement le côté moral et pratique. Dans toutes ses réunions, dans ses grands congrès, il réclame l'instruction à tous les degrés, gratuite et organisée par l'Etat. Car il a bien compris qu'avec elle, il est mieux à même d'exécuter son travail, de jouir honnêtement du bien-être que ses forces lui procurent et que, par conséquent, c'est un devoir pour lui de favoriser toutes les œuvres qui contribuent au fonctionnement régulier de cette école obligatoire. Les Soupes scolaires en sont une et non des moindres.

La première condition physique pour assurer l'avenir de la famille, quand la fortune n'est pas le lot de chacun, c'est la santé. Il semble qu'il ne soit pas autrement nécessaire d'insister sur cette vérité et, pourtant, il y a de ces choses qu'on ne saurait jamais trop répéter. Celle-ci en est une des principales. C'est même la plus importante. Est-ce que la santé n'est pas ce que l'on recherche le plus avidement ? Et en apprécions-nous tout le prix lorsque nous nous portons bien ? Non ! C'est seulement quand la maladie nous frappe, que nous sommes condamnés à vivre tristement nos jours dans la solitude de notre chambre, que nous sentons combien imprudents nous avons été en ne soignant pas un bien si indispensable. *Mors miseriae mater* ! Le commencement, la source capitale de la misère, le voila ! La maladie, la mort conduisent la famille, surtout la famille de l'ouvrier, du travailleur dans la plus profonde infortune. La mort ? Nous ne pouvons pas l'éviter, soit ! il importe toutefois qu'elle nous préoccupe à cause de nos enfants, que nous cherchions à en atténuer les effets souvent désastreux sur notre situation pécuniaire. La maladie ? C'est autre chose ! Il est vrai qu'elle nous surprend quelquefois sans que nous en soyons responsables. Mais, très fréquemment, c'est nous-mêmes qui en déposons le germe dans notre nature ou dans celle de nos enfants, par des excès d'abord, ou bien par le trop peu de soins dont nous les entourons, ou enfin par une alimentation insuffisante. Et, cependant, il ne faut pas beaucoup à l'homme pour sustenter sa vie. Pourvu que la nourriture soit bonne, tout en restant simple, il n'a besoin ni du superflu ni de l'extraordinaire. Eh bien ! ce bon, ce simple, il fait défaut dans un grand nombre de ménages et particulièrement là où la constitution physique des enfants l'exige, où le logement étroit, privé d'air, l'impose. Les aliments, trop peu abondants, de mauvaise qualité parfois, sont encore mal cuits, ou brûlants ou froids, la mère revenant de l'atelier ou de la fabrique pour préparer à la hâte un maigre repas pris tout aussi rapidement. En outre, la pitance est petite, la ration servie à dose presque homéopathique : on en mangerait deux, trois fois plus, car le corps pousse, les lèvres ont faim, mais, c'est impossible, puisqu'il n'y a que cela. Aussi pour ces malheureux, les Soupes scolaires remplacent avantageusement l'insuffisance de la famille.

Mais, objecte-t-on, rarement, à vrai dire, la société ne peut pas se charger de nourrir tous les enfants du pauvre. Pourquoi pas, si elle est en mesure de le faire? Il faut agir suivant ses propres forces. D'ailleurs, la question n'est pas si vaste. L'institution qui nous occupe est plus modeste. Comme la violette, elle exhale son parfum dans un tout petit coin de notre vie sociale. Elle a ses limites, bien déterminées par l'école elle-même et le petit monde qui fréquente ces repas. Et puis, était-ce bien sage de la part de la société, de négliger l'enfant, de ne voir que l'homme? Non, absolument point! Son devoir était, est et sera toujours de prévoir plus ou moins l'avenir. Une génération nourrie d'aliments sains devient nécessairement plus forte. La même société, en outre, a une mission à remplir envers ses plus jeunes membres. Elle ne peut ni ne doit les abandonner. Au contraire, c'est en leur vouant une sollicitude plus intelligente qu'elle pose la base sérieuse du bien-être futur. Ceci est si vrai et si universellement admis qu'en tout endroit où les Soupes scolaires s'établissent, il ne règne qu'une opinion à leur égard: c'est que cette œuvre, tout en répondant à un besoin qui se faisait sentir de plus en plus, a rallié autour d'elle toutes les générosités, l'unanimité enfin de populations entières.

Depuis le commencement de ce siècle, la vie industrielle s'est extraordinairement développée. Partout à présent se dressent les immenses cheminées des fabriques. Ces grandes agglomérations d'ouvriers, hommes et femmes, sont une conséquence inéluctable du perfectionnement apporté dans la machine, dans l'outillage des usines. Vivant dans cet air qui n'est rien moins que salubre, mais où il est encore heureux de vivre, le travailleur n'y puise certainement pas les éléments d'une santé bien vigoureuse. Il est donc d'autant plus indispensable que la nourriture vienne remédier, chez l'enfant, à ce que le genre de vie des parents peut avoir engendré de trop faible. Sous ce point de vue-là aussi, les Soupes scolaires sont appelées à faire un grand bien, car il est hors de doute, et tous les médecins s'accordent à le reconnaître, que si un enfant jouit, durant chaque hiver de toute sa jeunesse, d'une excellente alimentation, cela ne manquera pas d'avoir une salutaire influence sur sa nature même.

D'après les renseignements qui me sont parvenus au sujet des Soupes scolaires, la date de leur fondation, dans les différents pays où elles existent, n'est pas bien éloignée de nous. Un fait indubitablément certain, c'est qu'elles ont pris naissance, en France, il y a quelque douze ans, en Suisse, voici sept ou huit ans, en Allemagne, en Autriche et en Belgique, également ces dernières années. Nous croyons pouvoir affirmer que c'est en Suisse qu'elles sont le plus généralement répandues, car on les trouve dans toutes les grandes villes et même dans des endroits de très petite importance, des villages et des bourgs de mille à deux mille âmes.

Chose curieuse et cependant très naturelle: partout les principes qui ont poussé à leur établissement sont à peu près les mêmes. Voici les trois principaux, exprimés d'une manière sommaire: Secourir les enfants pauvres que recueille l'école et qui n'ont point, au domicile de leurs parents, une nourriture en quantité et en qualité suffisantes ; obtenir, par ce moyen, une fréquentation de la dite école plus régulière, très suivie, afin que l'enseignement puisse produire tous ses effets chez ceux qui en ont le plus besoin ; enfin, développer la santé publique, donc former une génération mieux préparée pour la tâche laborieuse que la société actuelle nous impose.—Il y a encore un autre principe, lequel concerne l'organisation des Soupes scolaires et que nous trouvons appliqué presque dans toutes les villes suisses où fonctionne cette œuvre : c'est que celle-ci repose plutôt sur la charité privée, individuelle que sur l'appui de l'Etat. Tout le monde y contribue volontairement. Aussi l'institution prospère-t-elle admirablement bien. Cela ne veut pas dire, toutefois, que dans les localités, petites et grandes, qui ont introduit les Soupes scolaires d'une façon officielle, en inscrivant dans leurs budget, des sommes plus ou moins considérables pour ce service, elles ne soient pas installées sur un bon pied. Témoin la ville de Paris qui, pour chacune de ces dernières années, a depensé plus de cinq cent mille francs en faveur de cette belle œuvre.

L'idée, par conséquent, était en tous points excellente et est arrivée à son heure, c'est-à-dire au moment où, dans plusieurs pays, on procède à la réorganisation scolaire, soit en modifiant sensiblement ce qui existe, soit en créant tout un nouveau système d'instruction, comme ç'a été le cas pour la France par l'adoption des lois du ministère Ferry. Désormais, dans tous les centres populeux, cette institution deviendra de plus en plus une mesure générale qu'approuveront, cela ne fait aucun doute, toutes les autorités municipales et scolaires et qui éveillera toujours un visible intérêt parmi la population aisée, de telle sorte même que dans un avenir très peu éloigné, nous estimons qu'on ne pourra plus supprimer les Soupes scolaires là où elles seront établies.

On a de suite reconnu qu'elles seraient d'une réelle utilité : Il suffit d'en parler pour qu'aussitôt elles rencontrent une adhésion unanime. C'est la chose publique, le journal local en dit beaucoup de bien ; dans les grandes cités, c'est une affaire de quartier ou simplement d'organisation scolaire. Le gros public y reste presque indifférent. A notre avis, il faut bien tenir compte d'un fait absolument évident : plus la ville revêt un caracètre universel, cosmopolite, plus il est difficile de fonder une œuvre en faisant seulement appel à la générosité individuelle. Si telle où telle personne veut donner quelque chose, elle charge le Conseil municipal d'en être le distributeur. Cela est dans la logique même des relations sociales.

Mais, pourquoi, demandera-t-on, le besoin d'avoir des Soupes scolaires est-il plus général, plus vrai et plus apparent dans des cités comme Londres, Vienne, Paris et Berlin, que dans les petites villes de province? C'est que là il existe un luxe plus brillant, qui s'étale plus violemment, comme aussi une misère plus affreuse qui n'ose souvent se faire voir, tant elle à peur d'elle-même. Les conditions de l'existence y sont également plus nombreuses et plus dures, car la classe pauvre s'y procure avec peine une nourriture saine et fortifiante. Les aliments y sont très cher et on en contrôle encore moins facilement la provenance souvent suspecte, surtout en nos jours où la falsification s'attaque à toutes les branches de l'alimentation humaine.

Aussi disons-nous, à la fin de chapitre :

Les Soupes scolaires sont pour plusieurs localités, pour toutes les grandes villes et les centres industriels, une impérieuse nécessité : C'est un devoir social de les établir. " Car les sommes dépensées ainsi sont applées à dégrever " de sommes plus considérables les budgets de l'assistance", —sans parler des considérations morales, de santé publique et d'instruction générale qui sont déjà consignées dans les pages précédentes.

III.

Dans ce troisième chapitre, nous avons à nous occuper de l'organisation spéciale des Cuisines ou Soupes scolaires dans divers pays. Des renseignements nous sont arrivés de plus de quinze grandes localités ; à part quelques exceptions, tous concordent plus ou moins exactement ; en tout cas, cette institution repose sur des principes à peu près analogues. Aussi sommes-nous porté à croire que par l'ouverture d'un concours, la personne généreuse qui en a eu l'idée, avait non seulement en vue le mode d'installation des Soupes scolaires dans différents centres de population ; mais que, par là, on a plutôt cherché à éveiller le zèle des hommes de cœur et des autorités autour d'une des plus belles œuvres de cette fin de siècle. C'est pourquoi, si quelques-uns de nos renseignements sont incomplets, ce n'est pas sur nous seul que la faute en retombe ou sur les représentants accrédités auprès des Etats auxquels nous nous sommes adressé. Quelques municipalités, interrogées dans ce but, ont dédaigné de repondre, soit par oubli, soit par indifférence, ce qui ne doit pas trop nous surprendre, d'autant plus que l'institution des Soupes scolaires n'est pas encore repandue partout comme elle mérite de l'être. Aussi bien est-ce pour en propager l'application que nous donnons, dans le deuxième chapitre, les raisons qui militent en faveur de leur établissement et que nous indiquerons, à la fin de ce travail, les conclusions qui nous paraissent le plus facilement et pratiquement réalisables.

1. Le monde scolaire, pour lequel les Soupes ont été créées, est un monde à part. Il a ses besoins particuliers, ses plaisirs et ses chagrins. Bien que plus gai que triste

confiant qu'indécis, il lui faut une existence spéciale que ne comprennent pas toujours ceux qui vivent près de lui, parents et instituteurs. Les travaux de l'école, en outre, sont un nouveau lien qui unit tous les enfants, du moins les plus intelligents. Ils en parlent volontiers et chaque fois que j'ai observé nos écoliers, j'ai trouvé qu'ils valaient infiniment mieux que ce qu'on en dit souvent.

Au surplus, de la manière dont nous envisageons les Soupes scolaires, elles ne peuvent exister réellement qu'à la condition *d'être exclusivement pour les enfants.* Nous ne voyons ni l'avantage éducatif ni l'avantage instructif qu'on en retirerait, si à la table où prennent place les enfants de nos classes, venait s'asseoir aussi un autre public, hommes et femmes. Il est vrai que rien n'empêche, dans les localités où la chose est possible, de leur donner à manger dans un établissement ouvert à tout le monde. Chacun sait, en effet, que les Cuisines populaires commencent à devenir de plus en plus nombreuses et qu'elles sont bien vues des populations. Mais, tout berger doit garder son propre troupeau, ou bien il court le risque d'en négliger l'un ou l'autre, sinon les deux.

Et puis, serait-ce un si grand bien de servir ces repas dans une salle publique, loin du bâtiment scolaire ? Nous ne le pensons pas, quoique, à la rigueur, il soit encore préférable que les enfants trouvent à manger dans un local quelconque, fréquenté par un gros public, que de n'avoir qu'une mauvaise nourriture. Dans certaines villes cependant, on organise, durant l'hiver, des Soupes distribuées gratuitement aux enfants pauvres et contre cinq ou dix centimes aux adultes qui en font la demande. Toutefois les distributions pour les classes n'ont pas lieu dans la maison où se prépare la Soupe ; on porte celle-ci, à l'aide de bidons en fer blanc, dans les écoles des différents quartiers, afin de ne pas mettre le monde scolaire, toujours si impressionnable et exposé à de nombreux dangers, en contact avec un autre monde que parfois on ne connaît même pas.

C'est bien aussi de cette façon que l'a compris la généralité des pays qui ont introduit les Soupes scolaires. Seuls les enfants y sont admis. Les choses se passent ainsi en Suisse, en France, en Autriche, en Allemagne et autres lieux. Nous n'avons reçu aucun renseignement qui puisse nous faire supposer qu'une autre classe de la population soit appelée à prendre part à ces repas, qui ne sont en réalité préparés que pour des enfants. C'a été leur origine, leur raison d'être ; il faut les laisser poursuivre et atteindre leur but.

Voilà donc un fait acquis : les Soupes scolaires doivent s'établir, comme leur nom l'indique, pour les enfants des écoles. Nous regretterions profondément qu'il en fût autrement. Organisées sur une autre base, elles dévieraient de leur voie naturelle. Car il n'y a pas seulement que le côté pédagogique à considérer, il est bon de tenir compte, de même, des fonds dont l'on dispose et de l'œuvre à accomplir. Ces fonds sont limités ; ils sont donnés pour procurer à l'enfant la nourriture fortifiante qu'il ne trouve pas toujours à la maison. Accueillir d'autres personnes, cela agrandirait singulièrement le champ d'activité des Cuisines scolaires, et elles ne seraient plus ce qu'elles doivent rester, une salle à manger pour les pauvres petits que la misère du foyer ne permet point d'entourer de tous les soins indispensables.

Le but, d'ailleurs, est double : On espère obtenir une meilleure fréquentation de l'école. Cette fréquentation plus régulière aura certainement un excellent résultat. Nous en dirons encore quelques mots plus loin. Ajoutons pourtant, qu'en manquant très peu la classe, l'enfant augmente ses connaissances, son instruction devient plus rapide et plus solide. On n'a qu'à s'enquérir auprès du corps enseignant: il sera unamine pour confirmer cette observation.

Nous avons dit plus haut que de tous les pays d'où nous avons pu avoir des renseignements concernant les Soupes scolaires, ces derniers établissent que les enfants seuls y participent à quelques exceptions près, que c'est exclusivement pour eux qu'elles ont été fondées et que l'on en fonde encore chaque année. Voici effectivement ce que nous lisons dans les rapports et les règlements que l'on nous a envoyés.

A Bâle, la Commission des Soupes scolaires adressait, cet hiver, une circulaire à la population de cette ville, dans laquelle nous trouvons le passage suivant:

" L'institution des Soupes scolaires, organisée dans le " but de donner une meilleure nourriture, une excellente " soupe, aux enfants *des ecoles primaires*, a déjà fait ses " preuves, aussi bien pour la santé physique que pour " la santé morale. C'est pourquoi la commission chargée " de cette œuvre a décidé de la continuer."

Le Directeur de l'Education du Canton de Berne nous écrit que dans la capitale de la Confédération, c'est aussi pour les enfants seuls que les Soupes scolaires ont été installées.

A Zurich, il en est de même. Toutefois, ici, comme dans quelques villes allemandes ou autrichiennes, on envoie les enfants dans les bureaux de bienfaisance où, par les soins de ceux-ci et sur la présentation de jetons donnés gratuitement, ils reçoivent alors la nourriture dont ils ont besoin, de la soupe et du pain, parfois, du pain seulement, ou bien encore, du lait cuit et chaud et du pain. Le règlement de la ville de Zurich prévoit à son article 53 que la commission de surveillance des classes doit se charger de nourrir les enfants pauvres mal traités à la maison.

Le Conseil municipal de Paris en favorise l'introduction dans toutes les écoles de ses vingt arrondissements. " Il n'entend pas, dit son rapporteur, ménager ses deniers " pour l'éducation et l'entretien de l'enfance, il ne " demande qu'une gestion sévère."

Dans un autre rapport, nous trouvons ces mots toujours à propos des Cantines ou Cuisines scolaires :—" Il nous " appartient avant tout (au Conseil) de songer aux " intérêts des enfants de nos écoles."

M. Duplan, déjà cité, ajoute encore dans l'admirable recueil de documents qu'il a consacré à l'organisation des écoles primaires du département de la Seine.

" Créées (les Cantines) dans le but de distribuer des " aliments sains et chauds aux enfants pauvres des écoles.... " Aussi la ville de Paris avait-elle songé, depuis longtemps, " à mettre à la disposition des enfants et dans l'école " même, le déjeuner du matin." (En France, le repas de 11 heures ou midi.)

Les distributions des Cantines, à Paris, si elles ne se font pas toutes d'une manière gratuite, ont néanmoins pour but seul les enfants des écoles, et des écoles primaires, maternelles et enfantines.

Voulons-nous poursuivre l'investigation ?

A Bordeaux, pas d'organisation spéciale. Mais, ce qui se fait par les concierges est aussi pour l'enfant exclusivement. Le patronage des Ecoles laïques cherche à développer l'institution.

Déjà quelques cantines fonctionnent à Marseille ; toutefois, de même que dans les endroits ci-dessus désignés, aussi pour les enfants seuls.

C'est également le cas pour Vienne, Prague, Berlin, Barmen et plusieurs autre localités de l'Allemagne et de l'Autriche. La ville de Bruxelles, en Belgique, a également introduit les Soupes scolaires par l'initiative privée, en

1888. L'œuvre en est à son début. Nous en parlerons plus loin.

Comme on le voit, tous nos renseignements disent que les cuisines, les Soupes scolaires ont été établies pour donner des aliments sains, chauds et abondants aux enfants des écoles. Il n'en pouvait pas, il n'en peut être autrement. Ces Soupes scolaires se complèteront encore, plus tard, par le vestiaire et le lavabo. On fait déjà beaucoup pour l'habillement de l'enfant ; quant à la propreté, on ne s'en intéresse pas comme on le devrait.

2. Nous arrivons au point capital de l'organisation des Soupes scolaires, le point le plus difficile peut-être à resoudre et celui qui a soulevé le plus d'objections contre leur installation. Dans la première partie de cette étude, nous avons déjà touché le sujet : Puisque les Soupes, ainsi que nous venons de le prouver, ont été créées pour les enfants, quels sont ceux qui osent, peuveut et doivent les fréquenter, y prendre part ? En outre, à quelle classe d'écoliers sont-elles distribuées ? Est-ce aux élèves de l'école élémentaire, populaire ou primaire, ou bien y admet-on les élèves de tous les établissements publics d'instruction ?

Plusieurs questions sont donc posées qui demandent une solution. Bien que nous ayons déjà consacré quelques lignes à ce problème, il importe, toutefois, de mieux le préciser, de l'élucider autant que possible, car c'est bien à cette occasion que l'on fait les plus sérieuses objections. On n'a pas, en effet, à s'occuper ni du local ni des dépenses ; une fois que la salle et les fonds sont trouvés, le reste va de soi. La cuisine scolaire fonctionne bientôt. Mais, à quel monde ouvrir les portes ? Nous avons dit que c'était aux enfants ! Lesquels ? Les riches, les pauvres ou tous ensemble ? Les écoliers primaires, les écoliers secondaires, les élèves des lycées, des collèges.

A notre avis, il ne peut d'abord être question que des enfants de l'école populaire ou école élémentaire. Nous dirions volontiers : de l'école obligatoire. C'est l'école fréquentée par le grand nombre, par les plus pauvres, par ceux qui ont le plus besoin de secours. A cet âge, de cinq à treize ou quartorze ans, la santé est encore délicate ; il faut donc beaucoup de soins, une nourriture abondante et saine.

Les élèves des autres établissements d'instruction, des lycées, des gymnases et des écoles secondaires, ne se trouvent absolument pas dans la même situation. La plupart, la presque totalité, appartiennent à des familles aisées, qui tiennent à satisfaire à toutes leurs obligations sociales et qui, pour rien au monde, ne voudraient laisser leurs enfants prendre part à des soupes préparées pour les nécessiteux, les indigents. En outre, ces écoliers sont aussi plus forts, déjà beaucoup plus robustes. Leur corps peut brâver, et il le faut, les intempéries de la mauvaise saison. C'est pourquoi, pour ceux-ci, l'accès aux cantines scolaires ne se justifierait que si le domicile de leurs parents était décidément trop éloigné du bâtiment de l'école. Dans ce cas, l'institution rendrait certainement quelques services ; mais, si l'un ou l'autre de ces écoliers désirent recevoir ses diners aux Soupes scolaires, il n'aura qu'à en exprimer la demande au comité, qui s'empressera sans doute de l'accueillir.

Je dois faire ici une remarque importante, qui eût été tout aussi bien à sa place dans le second chapitre : c'est que le jeune homme ou la jeune fille, une fois entrés dans une école supérieure, ne s'assoient plus volontiers à la même table que les petits et qu'il est par conséquent plus logique qu'ils s'en retournent à la maison, car, d'ordinaire, les familles de ces enfants sont dans une certaine aisance, comme nous l'avons fait observer, puisqu'ils ont le moyen de payer les dépenses de plus hautes études. Chez nous, à Saint Imier, une localité de près de huit mille âmes, aucun élève des deux cent trente que comptent nos deux écoles secondaires ne s'est jamais annoncé pour les distributions de soupe. M. le Directeur de l'Education de Bâle (ville) m'écrit que chez eux on va commencer par en donner aussi aux enfants de leurs écoles supérieures qui en feront la demande. C'est un cas assez rare pour être cité.

Voilà un nouveau fait établi, qu'est venue d'ailleurs confirmer pleinement l'enquête que nous avons ordonnée sur le monde des Soupes scolaires : c'est pour les enfants de l'école populaire qu'elles ont été instituées. Il s'agit maintenant de procéder à un choix, car la cuisine scolaire n'est pas en mesure de nourrir *tous* ces enfants. La chose est bien simple, du moins d'une façon générale : on a fondé les Soupes pour les enfants pauvres seulement, pour les nécessiteux, pour ceux qui ne reçoivent pas une nourriture suffisante chez leurs parents. Nous posons la règle ; elle souffre quelques exceptions. Mais le principe est formel, il est bon, il est humain et fort juste : les enfants pauvres doivent être et rester les premiers convives, les premiers invités.

Nous avons exposé plus haut les motifs de notre opinion, les raisons qui nous semblent justifier cette manière de voir, nous ne voulons plus y revenir. D'ailleurs, la plupart des personnes et des comités placés à la tête de cette institution sont d'accord en ce point, du moins nous pouvons nous en convaincre aisément par les renseignements que nous avons recueillis.

L'article premier des statuts de la Société centrale des Soupes scolaires de Vienne (Autriche), ne laisse aucun doute à cet égard. Nous le reproduisons textuellement, tel qu'on le trouvera dans l'appendice.

" La société porte le nom de : Société centrale des " Soupes scolaires et a son siége à Vienne.

" Le but de la société est de donner un dîner aux " enfants pauvres qui sont privés de la nourriture nécessaire."

Dans la même ville, il existe une autre société, fondée par des membres de la confession réformée, laquelle poursuit aussi le même but : Offrir aux enfants pauvres des écoles évangéliques des aliments sains en quantité suffisante.

Dans les pays de l'Europe, où l'école a pris un grand développement ces dernières années, on a compris de suite qu'il fallait soulager ces petits écoliers, dont les mines pâles éveillent la pitié. En Allemagne, en Belgique, de semblables secours sont donnés à la jeunesse indigente ; toutefois, l'organisation est loin d'être aussi avancée que dans certaines villes suisses où fonctionnent les Soupes scolaires, faisant peu de bruit, mais beaucoup de bien.

De Genère, le directeur de l'enseignement primaire m'écrit à ce sujet.

" Nous prenons d'abord les enfants pauvres et ensuite " tous ceux dont les parents en font la demande." Cependant, ceux qui le peuvent, paient une modeste finance par repas, ainsi que nous le verrons plus loin. Il en est de même à Paris.

On nous a fait observer, de Marseille, " Qu'on a joint à " quelques classes de filles et de garçons de l'école primaire " des cantines pour nourrir les enfants dont les parents " généralement pauvres sont obligés de s'absenter à l'heure " de midi ou qui habitent à une assez grande distance de la " maison d'école ;" ces enfants, s'ils en ont le moyen, payent alors le prix de leur repas. Nous tiendrons compte de cette circonstances dans nos conclusions, car nous estimons qu'à côté de la pauvreté, de l'indigence, cet éloignement du domicile des enfants du bâtiment scolaire justifie l'admission de ceux-ci dans les cantines.

Ce n'est, en effet, pas agréable du tout, ni très favorable à la santé, pour des écoliers de s'en retourner, après deux ou trois heures de classe, dans un quartier excentrique, trajet trop grand pour le peu de temps qu'on doit mettre à le faire. Dans les contrées montagneuses surtout, où l'école est fréquentée par des enfants qui restent à une demi-lieue, voire même à une lieue de chemin, une distribution de soupe chaude serait toujours la bienvenue. Mais là, souvent, les fonds manquent, l'instituteur ne peut guère se charger de ce travail, et l'élève n'a plus à sa disposition que le moyen primitif de réchauffer sur le fourneau de la classe le maigre dîner qu'il apporte avec lui !

Nous admettons donc ces deux principes :

Les Soupes se distribuent de préférence aux enfants de l'école populaire ; parmi ceux-ci, on choisit d'abord les pauvres. Les enfants dont les parents sont éloignés du bâtiment scolaire ou bien qui en font la demande, sont acceptés, à la condition cependant de payer une finance qui n'est en tout cas jamais supérieure au prix réel du repas.

Il y a, comme nous venons de le dire, des cantines scolaires où les pauvres seuls ont accès. Alors, qui les désigne ? Ici, on peut se heurter à quelque difficulté, sinon commettre involontairement des injustices. Néanmoins, il faut savoir s'en consoler, car les jugements de l'homme ne sont pas parfaits, ni ses arrêts, particulièrement en ces matières, irrévocables. Les personnes qui s'occupent des Soupes scolaires ont assez de cœur pour réparer les erreurs commises dès qu'elles s'en aperçoivent. Au surplus, les intéressés eux-mêmes se chargent déjà bien de faire valoir leurs droits—c'est du moins ce qui nous est arrivé il y a un an. Ayant renvoyé quelques enfants, parce que nous estimions que leurs familles pouvaient les nourrir, le lendemain, une dame charitable, avertie de notre décision par le père, se hâtait de venir nous renseigner et, grâce à son intervention, il nous fût possible de soulager des enfants qui avaient réellement besoin d'une nourriture plus fortifiante que celle qu'ils trouvaient à la maison. Mais, ces cas sont rares, quand on veut mettre quelque soin dans ses choix.

A Berne, Bâle, Genève et dans d'autres villes suisses, c'est le corps enseignant qui établit les listes des petits pensionnaires. Le comité des Soupes scolaires, les commissions d'école y prêtent leur concours et leur connaissance plus ou moins générale des habitants du quartier. Où les bureaux de bienfaisance sont organisés officiellement, ils peuvent rendre d'excellents services. Cependant, d'après la plupart des renseignements dont nous disposons, cette tâche est laissée aux instituteurs et institutrices, directeurs et directrices des écoles publiques, qui sont, on en conviendra facilement, les mieux qualifiés pour la remplir équitablement. Il ne faut pas un temps bien long à une maîtresse ou à un maître intelligents pour apprendre à connaître ses élèves. Au bout de quelques semaines de fréquentation, il lui est déjà possible, sauf en très peu d'exceptions, de fixer approximativement la situation pécuniaire des parents. On le voit sur la figure des petits, leurs vêtements, leur tenue et jusque dans les traits plus ou moins attristés de leur pâles visages. Se tromper ? Certes, cela arrive, mais pas aussi souvent qu'on le pense, quand il ne s'agit que de dire si tel ou tel enfant est pauvre, ou nécessiteux.

Il y a, et nous en avons fait l'expérience, une question plus délicate à resoudre, lorsque le nombre des pensionnaires qui auraient véritablement besoin d'une nourriture plus abondante, devient trop grand. Mais, ainsi que nous l'écrivions tout à l'heure, on parviendra déjà bien à discerner les vraies infortunes si l'on s'entoure de plus d'un renseignement et quand on ne doit plus s'occuper que de l'un ou l'autre cas isolé. Le désagrément commence donc dès que le nombre des enfants pauvres, qui devraient recevoir à manger, dépasse les ressources dont l'on peut disposer. Il faut alors opérer une sorte de triage qui ne se fait pas toujours aisément. Pour preuve, citons l'exemple suivant : Un arrondissement de Vienne avait annoncé au comité central des Soupes, pour l'hiver 1888/89, par le directeur des écoles, qu'il lui était impossible de réduire le nombre qu'il avait indiqué. Il y avait sur la liste 253 enfants, l'année précédente seulement 150. Et on déclarait que les 253 étaient tous pauvres. Toutefois, on comprend que le comité central se soit justement étonné de cette brusque augmentation d'une centaine de petits besoigneux.

Ce triage, quoique désagréable, s'impose nécessairement. On doit y proceder avec la plus extrème sagesse. Si le corps enseignant n'en veut pas prendre la responsabilité, la commission scolaire a le devoir d'intervenir et, après avoir établi une enquête, elle peut désigner souverainement ceux qu'elle juge assez pauvres pour participer aux Soupes.

Ce moyen pratique nous plaît mieux que celui qui consiste à remettre ce choix à un employé rétribué. Je n'ai vu nulle part qu'on ait adopté ce dernier système, infiniment plus coûteux et, à notre avis, beaucoup moins sûr. Il pourrait se faire qu'à la longue on en arrivât là, ce qui serait regrettable, car nous sommes fermement persuadé que le corps enseignant, du moins dans la généralité de ses membres, est capable d'obtenir un résultat satisfaisant. Et il ne se refusera pas à coopérer à cette belle œuvre. Ce qui s'est fait jusqu'à ce jour en est une démonstration excellente. Les Cuisines scolaires fonctionnent à merveille, elles réussissent et prospèrent, avec très peu d'abus, aussi peu d'erreurs et d'injustice, si l'on ose se servir de ces deux derniers mots pour un acte de charité volontaire.

Nous le reconnaissons volontiers : ce choix est difficile, et d'autant plus difficile que souvent les parents ne sont pas dignes des peines que l'on se donne en leur lieu et place. Mais, comme si l'on faisait le bien dans l'espoir d'en retirer profit pour soi-même ! On ne souhaite, ne désire qu'une chose : que la jeune génération n'ait pas faim, surtout aux jours froids de l'hiver et que, après avoir mangé à son appétit dans une salle bien chauffée, elle acquiert ensuite l'instruction que l'école populaire offre à tous ceux qui savent et veulent en profiter. Toujours à ce même propos,—la désignation des pensionnaires—rapportons encore l'expérience faite chez nous en automne 1889 : nous avons dû distraire plus de cinquante enfants du nombre que nous avions d'abord fixé. Et, pour rester plus ou moins dans la vérité des situations respectives, il nous a fallu tenir compte de la situation de la famille, morale et financière, du salaire du père, du travail de la mère, des frères et des sœurs plus petits et des longues et fréquents observations du corps enseignant. On a ainsi dix raisons pour une de tomber juste.

Egalement l'assistance du médecin n'est pas à dédaigner. Lorsque l'on est embarrassé pour l'un ou l'autre enfant, parfois son avis décide. Car, et en tout premier lieu, il ne faut jamais perdre de vue cette idée que les Soupes scolaires ont pour but de fortifier la santé publique, l'unique bien, après tout, dont nous jouissons pleinement sur cette terre, les autres ne venant qu'à la suite et n'ayant de prix à nos yeux qu'à la condition que notre corps nous permette de nous en réjouir. Or, qui mieux que le docteur juge de la faiblesse d'une constitution et, conséquemment, de la nécessité d'une bonne nourriture ?

Les besoins devenant aussi de plus en plus nombreux, puisque la population augmente sans cesse dans les grands centres, il faut viser à réaliser des économies, non pour le seul plaisir de thésauriser, mais pour assurer l'avenir. En outre, il est à craindre,—même les plus beaux dévouements se fatiguent—qu'un jour l'institution des Soupes scolaires prenant l'extension d'une société d'utilité publique, n'exige des employés particuliers. *Pro Deo et pro humanitate !* est une belle devise. Tout le monde n'est pas à la hauteur de l'accomplir. Pourtant, il y aura continuellement des cœurs généreux ; c'est pourquoi nous disons avec toute franchise : Restons dans les limites d'une saine pratique et confions ce choix aux membres du corps enseignant, instituteurs et institutrices, avec l'appui, les directions et les conseils des commissions scolaires, des médecins et les renseignements que peuvent fournir toute personne s'intéressant au sort des malheureux et les bureaux de bienfaisance. Nous croyons que l'on s'en trouvera fort bien.

Je voudrais passer en revue toutes les villes qui possèdent déjà des Soupes scolaires : on constaterait, par les rapports que l'on nous a faits, que l'idée ci-dessus exprimée sert de norme un peu partout. Aussi nous bornons-nous à reproduire simplement ce qu'écrit le bourgmestre de Bruxelles :

" Il est à remarquer que, pour la désignation des " enfants admis aux distributions d'aliments, le choix des " instituteurs et des institutrices se porte de préférence sur " ceux qui sont les plus pauvres et les plus malingres."

3. La question du local n'est pas d'une si grande importance. L'enfant peut recevoir sa nourriture n'importe où : quand il a faim—et ça lui arrive souvent—il mange de bon appétit sans s'inquiéter souvent des choses qui sont autour de lui. Toutefois, s'il y a moyen d'installer convenablement un local, il ne faut pas négliger de le faire. Car il vaut mieux que la Société des Soupes ait une salle qui lui appartienne que d'être obligée, chaque année, d'aller à la recherche d'une chambre quelconque qui coûte cher ou bien est éloignée de l'école.

En principe, nous posons comme thèse que dans tout bâtiment scolaire réunissant plusieurs classes, il est nécessaire et d'un usage très pratique d'avoir une salle pour les Cantines scolaires. Naturellement que l'organisation dépend toujours du plus ou moins de place dont l'on peut disposer, et il est à croire que lors de la construction des maisons d'école, si l'on avait prévu la création future des Soupes scolaires, on eût tenu compte de cette institution dans l'élaboration du plan. Ce qui n'a pas été fait se fera, et un jour viendra où les enfants, sans être forcés de quitter l'édifice public, trouveront une nourriture chaude et abondante.

Qu'il me soit permis d'indiquer, d'une façon sommaire, comment nous avons logé notre œuvre dans notre localité, à St-Imier. Nous avons une salle que certes plusieurs villes auraient le droit de nous envier. Notre maison d'école est une des mieux construites que nous ayons jamais vues. D'un côté, les petites filles ; de l'autre, les garçons. Tout notre jeune monde primaire habite sous le même toit. Il n'y a pas moins de mille enfants. On peut critiquer cette disposition, mais elle offre, pour la bonne, l'excellente marche des écoles, des avantages inappréciables. Il n'est pas, il ne peut pas être question d'une semblable organisation dans les centres très populeux, dans des villes déjà de la grandeur de Berne et Genève, à plus forte raison dans des cités comme Vienne, Berlin, Paris, Bruxelles et New-York. Ici, on doit compter avec l'étendue de la population. En tout cas, il est bon qu'on soit prévenu : dans la construction de nouveaux bâtiments scolaires, on n'oubliera désormais plus ce légitime supplément de l'école populaire, un local pour les cuisines.

Pour en revenir à l'installation dont nous parlons, disons que tout le sous-sol de notre maison d'école forme comme un étage au-dessous du rez-de-chaussée, avec des salles spacieuses, bien éclairées et aérées, un corridor très large, asphalté ; que là se trouvent le logement du concierge, les calorifères, deux cuisines et des caves. L'une des deux grandes pièces a été convertie en atelier pour les travaux manuels où nos enfants de la classe supérieure font du cartonnage et de la menuiserie et l'autre en salle pour les Soupes scolaires. Celle-ci a de la place pour deux cents enfants, est pourvue de bancs et de tables où s'assoient sans être gènés nos pensionnaires, et où, chaque jour, on leur sert une soupe en qualité et quantité plus que suffisantes. A côté est la cuisine. On peut se faire une idée, par ces renseignements, de l'organisation pratique que nous avons introduite pour la distribution de la soupe. Dans les rapports que nous avons reçus, il n'est pas fait mention d'une disposition qui nous plaise comme celle-là et qui réponde si bien à son but. Nous allons cependant indiquer rapidement le local employé dans certaines villes.

Tout d'abord, nous relevons le fait que si, dans quelques localités, les maisons d'école ne renferment que deux ou trois classes et qu'un concierge soit charge d'en surveiller l'administration, rien n'est plus simple que de trouver un petit local pour le peu d'enfants auxquels on donne à manger. Mais, ce sont, pensons-nous, des exceptions, car on a l'habitude, à présent, de réunir un grand nombre de classes dans un seul bâtiment scolaire.

A Marseille, on se sert, comme salle à manger, du préau au-dessus duquel on a élevé un toit, ou bien d'une chambre on l'on dresse à la hâte les tables et les bancs nécessaires. Ces tables sont bien un peu primitives, mais, à la guerre comme à la guerre : elles se composent de tréteaux sur lesquels on place de larges planches recouvertes de plaques de zinc. Le repas achevé, on enlève ces bancs et ces tables et tout le matériel rassemblé n'occupe plus qu'un espace très restreint. Les écoles maternelles de Lyon ont de même introduit les Soupes scolaires, et, comme on nous l'annonce "elles disposent d'une salle bien aérée et très proprement tenue." A Bordeaux, autre système! Ici l'organisation sort de ses langes. Le concierge prépare quelques aliments et les enfants les reçoivent à sa porte. Comme on nous écrit que l'on est déjà content de ce début, nul doute que l'œuvre ne soit continuée. La ville de Paris a des locaux particuliers, placés sous la surveillance des mairies respectives et de la Caisse des écoles.

Lorsque, il y a deux ans, un comité s'est constitué, à Vienne, pour organiser les Soupes scolaires, il a dû, dans quelques quartiers, louer une salle à proximité de la maison d'école. Dans l'un, entre autres, il n'a pu découvrir qu'une chambre d'auberge où les enfants étaient servis à part; dès qu'ils avaient pris leur repas, ils s'en allaient. Maintenant, le comité a trouvé mieux. En Allemagne, les distributions ne comprennent guère d'aliments chauds; on donne surtout du pain, des tartines au beurre ou à la viande "Fleischfett," telle est l'expression qu'emploie le haut fonctionnaire à qui nous devons ces détails.

" La Société '*Le Progrès*,' de Bruxelles, par l'initiative " de laquelle les Soupes scolaires se sont établies, a chargé " 'Les ateliers réunis', société cooperative ouvrière qui " possède à Bruxelles trois fourneaux économiques, de " préparer la cuisson des aliments. Les élèves des écoles " qui sont situées à proximité de l'un de ces trois " fourneaux, se rendent à ce réfectoire aussitôt à l'issue des " classes du matin, soit à 11¼ heures pour les filles et à 11½ " heures pour les garçons—de manière à avoir fini avant " l'arrivée des consommateurs ordinaires de ces établisse- " ments, à midi."

" Les aliments sont transportés journellement dans les " autres écoles trop éloignées, vers l'heure de midi, par

" les soins des ' ateliers réunis ' dans de grands bidons qui " appartiennent à la société 'le Progrès.' Chacune de ces " écoles possède le matériel nécessaire aux distributions " (assiettes, cuillers, etc.); ce matériel est la propriété de " La Société."

En Suisse, c'est dans une salle distincte, ou simplement dans le vestibule, que se prennent ces aliments. Genève est dans ce dernier cas. A Berne, à Bâle, on distribue de même la nourriture à l'intérieur des maisons d'école. Comme on le voit, peu d'endroits ont un local si bien approprié que le nôtre. Aussi est-ce une pièce comme celle dont j'ai parlé il n'y a qu'un instant que je recommande à toutes les villes qui auraient l'intention d'installer des Soupes scolaires, et avec un motif d'autant plus sérieux qu'entre les heures des repas, si on le veut, ou, pendant toute une saison, d'avril en novembre, elle peut être utilisée pour les classes enfantines, élémentaires ou jardins d'enfants.

En général, les bâtiments scolaires, comme ils ne sont habités que par un seul ménage, celui du concierge, ont le plus souvent dans les sous-sols des espaces susceptibles de transformations très pratiques. Plus la maison est grande, plus il doit y avoir de place inoccupée. C'est donc faire preuve d'intelligente prévoyance que de bâtir des locaux pouvant aussi être usagés comme salles à manger pour les Cantines scolaires.

Pour que cette œuvre puisse être organisée facilement; il ne faut pas en disséminer les établissements dans tous les coins, ni réunir les enfants en trop grand nombre dans un seul et même local. Il y a désavantage des deux côtés, et, comme pour une infinité d'institutions, le juste milieu est la meilleure politique. Et si nous insistons plus particulièrement encore sur la nécessité de faire ces distributions dans la maison d'école, c'est que nous songeons aux vêtements souvent misérables de ces pauvres petits, qui ne les protègent pas assez contre les froids rigoureux des froids hivers. Tandis que, s'ils ont la facilité de rester dans une salle bien aérée, avec une température douce, leur repas de midi deviendra une de leurs plus grandes joies. Ah ! comme ils font pitié, ces enfants au visage bleui par les bises qui soufflent dans les rues, lorsqu'ils s'en vont en classe, leurs corps frêles grelottant sous des habits que ne remplacent pas à temps ni la bourse presque toujours vide des parents, ni les largesses nécessairement mesurées des bureaux ou sociétés de bienfaisance. Si la faim est l'ennemie de l'instruction, ou, en tout cas, un grave obstacle, le froid ne contribue pas non plus à ses progrès. Comme nous retrouverons ce sujet dans un autre chapitre, nous passons immédiatement aux autorités préposées à la distribution des Soupes scolaires.

4. Deux principes sont en présence : l'intervention de l'Etat et l'intervention des particuliers, respectivement de la commune, de la corporation. De même, nous avons effleuré cette grosse question dans le chapitre précédent. Cette fois, nous estimons qu'il est de notre devoir d'en parler un peu plus au long, car, aux yeux de plusieurs, les cuisines populaires ne devraient dépendre que de l'Etat qui deviendrait aussi, non seulement le législateur et l'exécuteur de la loi, mais encore le grand dispensateur de l'éducation intellectuelle et matérielle du citoyen, et, au cas particulier, de l'enfant. Il nous est impossible d'admettre cette manière de voir, théorie que nous jugeons fausse et nous croyons qu'il n'est pas inutile d'en justifier la raison, surtout au point de vue des Soupes scolaires.

La charité *légale !* Mais, c'est une plaie quand elle est uniquement du ressort de l'Etat. Le pauvre, souvent un père négligent ou un paresseux incorrigible, ne voit plus qu'une chose : c'est qu'il peut, c'est qu'il a le droit de compter sur un secours, sur l'assistance publique. On aura beau faire et beau dire, construire maisons d'école et repandre l'instruction populaire, on rencontrera toujours des individus qui ne sont plus des hommes que de nom, qui spéculeront effrontément sur les privilèges que la loi leur reconnaît et leur reconnaîtrait si elle se chargeait de toute la charité, et qui, sachant qu'une fois dans la misère, il faudrait bien que la Société, soit l'Etat, vînt à leur aide, préféreraient satisfaire leurs passions malsaines que de gagner honnêtement leur vie ; or, chacun avouera que tout système qui favorise, directement ou indirectement, la paresse et le vice, est condamné par sa conséquence même et ne doit plus trouver grâce dans un siècle où chaque citoyen, pour être libre, a sa tâche particulière à remplir "A quoi bon épargner pour les mauvais jours, "songer à cette triste éventualité, puisque l'Etat pourvoira "à notre entretien." "Le secours légal à domicile est un "encouragement direct à l'impudeur et au libertinage," ajoute un autre.

Ce qu'il doit faire, l'Etat ? Un ouvrage très curieux, publié dernièrement sur le *Paupérisme*, définit son rôle en ces termes :—

" Le seul devoir social de l'Etat, c'est d'aider l'ouvrier, " de le stimuler, de l'attirer par tous les moyens, hormis " ceux qui, supprimant l'effort spontané, rapetissent " le mérite de la prévoyance et la liberté elle-même."

Le secours libre à domicile ou dans des établissements spéciaux protégés et encouragés par l'Etat ; l'institution d'œuvres qui coupent la misère à son origine, dans ses racines profondes, oui, cela est possible et c'est vers ce but que doivent tendre tous nos efforts. Les Diaconies dans les premiers siècles du Christianisme ont eu le plus rejouissant succès. Mais, où l'Etat seul entend éteindre la misère, celle-ci parait augmenter. Les résultats de l'assistance exclusivement légale ne sont pas comparables aux dépenses qu'elle occasionne.

On trouve encore, dans une certaine partie de la Suisse, un système qu'il est bon de rappeler pour démontrer les effets des secours obligatoires. Ce sont les bourgeoisies. Jadis, les biens que possèdent actuellement ces corporations étaient employés pour le bien-être, l'administration de la commune toute entière. Ils appartiennent maintenant, comme une sorte de fortune indivisée, à quelques citoyens, lesquels comptent, du moins lorsqu'ils deviennent pauvres, d'être forcément entretenus par les ressources dont dispose la communauté. Aussi, que voit-on ? Une enquête sur l'état de choses qui règne dans ces bourgeoisies ferait souvent constater que plus celles-ci sont riches, plus elles donnent naissance à des indigents, à des nécessiteux. Car, il n'est pas besoin de tant peiner. "Vogue la galère ! disent les imprévoyants. " Si nous tombons dans la misère, les biens de la corpora- " tion devront déjà bien nous nourrir." Ailleurs, c'est le canton lui-même qui entretient ses pauvres. Il *doit* leur accorder, chaque année un subside plus ou moins élevé. Il existe un impôt spécial, direct, qui pèse lourdement sur la masse, sans, pour autant, en amoindrir en quoi que ce soit la cause, la misère. Le dernier système, l'assistance à la charge de l'Etat, est tellement mauvais que les citoyens qui l'ont introduit en regrettent jusqu'au principe.

Nous le disions plus haut : l'homme est le propre artisan de sa destinée. Chacun est responsable de ses actions. Il ne faut donc pas que nous ayons même l'espoir que nos semblables nous doivent quelque chose— au dela du respect de notre liberté. Mais, prétendre que la Société, soit l'Etat, a l'obligation de nous secourir si nous cultivons volontairement l'oisiveté, non, cela ne serait pas juste. On n'ose penser aux conséquences qu'un tel état social entraînerait après soi. Donc, ce principe ne peut pas être la base de la solution que nous cherchons.

Est-ce à dire que l'Etat n'ait pas un rôle à remplir dans cette lutte qu'on commence à livrer partout contre le paupérisme? loin de nous cette idée. Mais, ce qu'il ne doit pas faire, c'est de remplacer l'initiative privée, la prévoyance individuelle, le jeu naturel de toutes les énergies humaines. Il ne peut pas être : *tout* ; pour que la Société puisse vivre à l'aise, il faut que l'homme soit et reste : *quelqu'un* ! Aussi disons-nous, au sujet des Cuisines scolaires. Celles-ci doivent être organisées à l'aide de la charité, de la générosité des particuliers et même des communes, quand ces dernières sont en mesure de voter des subsides.

La liberté de pratiquer le bien ne soulage peut-être pas toutes les infortunes ; mais, il n'en est pas moins certain qu'elle ne crée pas cette société étrange, inscrite dans les registres de l'assistance publique, et qui s'accroît en raison directe de l'impersonnalité qui la couvre. Je n'ose songer à ce que deviendrait nos Soupes scolaires, si on devait en remettre l'administration exclusive à l'Etat. La commune est déjà un être plus compréhensible, plus facile à contrôler pour le gros public ; et, au moins, aussi longtemps que ses subsides n'ont pas de caractère obligatoire, qu'ils sont donnés tout aussi librement qu'ils peuvent être retirés, le père de famille n'a absolument aucun droit à la nourriture de ses enfants. Et cette manière de voir les choses est infiniment préférable.

Ah ! si tous les hommes, harmonieusement développés tant au moral qu'au physique, s'imposaient comme loi sacrée de travailler selon leurs forces et leurs facultés, toutes ces questions de paupérisme, d'assistance publique, de Soupes scolaires, etc., etc., seraient bien vite résolues ! Avec des caisses d'assurance et de prévoyance, une meilleure éducation, on finirait bien pas déraciner sinon entièrement, du moins en bonne partie le mal qui ronge la société contemporaine. Mais—et c'est à croire—nous aurons toujours des pères et des mères qui, trop peu soucieux de leurs devoir, jetteront des enfants sur cette terre, la génération future, sans s'inquiéter en aucune façon ni de leur avenir, ni des vicissitudes de l'existence. Et que l'on ne se fasse pas d'illusions : c'est précisément dans ces familles-là, adonnées à la boisson, à d'autres vices, négligentes et oisives, que poussent en abondance les malheureux petits êtres qui peuplent plus tard nos écoles. Il n'est donc pas prudent d'entretenir dans ces milieux, déjà assez disposés à compter sur leurs semblables, l'idée qu'ils ont, vis-à-vis de la société, le droit imprescriptible de lui réclamer des secours en tout temps, surtout quand, par leur propre faute, ils tombent dans la noire misère des troisièmes dessous du monde actuel. Ce serait un véritable danger social.

En outre, au point de vue purement humain, la générosité privée, qui fait rarement défaut dès qu'il s'agit d'une bonne œuvre, est plus noble, plus moralisatrice que la charité légale, forcée. Il est bien vrai et nous l'admettons sans hésitation aucune, que nous sommes tous solidaires les uns des autres et que le meilleur moyen d'unifier, de centraliser cette solidarité serait peut-être d'en remettre la haute direction à l'Etat ; mais, comme nous l'avons déjà fait observer, ceux des pays qui ont introduit ce système, s'en sont trouvés et s'en trouvent si mal toujours ; le paupérisme, loin de se tarir, semble au contraire y propager plus largement ses excroissances que nous ne pouvons pas en recommander l'application, en quelque manière que ce soit, pour les

Soupes scolaires encore moins que pour tout autre institution populaire ou philanthropique.

La preuve que nous sommes dans le vrai est que les données statistiques qui nous ont été adressées établissent toutes que les Cuisines scolaires doivent leur naissance non à l'intervention effective, financière de l'Etat, mais à celle de quelques personnes généreuses, qui se sont proposé, par ce moyen, de réaliser les deux grands principes qui sont l'essence même de cette œuvre: une meilleure nourriture aux enfants pauvres et une fréquentation plus régulière de l'école. On a bien reconnu que l'enfant du pauvre, pour jouir d'une instruction plus conforme aux besoins actuels, doit en premier lieu, avant toute chose, avoir apaisé sa faim. Quand la chair est tourmentée, l'esprit n'est pas apte à recevoir sa nourriture intellectuelle. L'idée des Soupes scolaires était toute trouvée.

On fit alors les premiers essais, il y a cinq, dix douze ans au plus. Ils réussirent. On fut même très satisfait des résultats obtenus. On vit que doucement, tranquillement, on faisait un bien immense, joyeusement accepté par tout le monde, et surtout par la jeune génération pauvre qui en est l'objet. L'opinion publique approuva, la presse, ce quatrième pouvoir moderne, en parla a diverses reprises, n'ayant que des éloges pour l'œuvre. Dans certaines villes, les besoins étant de beaucoup supérieurs aux ressources, on frappa à la porte des Conseils communaux ou municipaux. Ces derniers, constatant l'unanimité de tous en faveur d'une pareille institution, décidèrent bientôt d'allouer un subside chaque année, ne se liant pas pour les années suivantes. L'organisation des Cuisines scolaires devenait définitive.

En Suisse, elle ne repose que sur l'initiative privée. Zurich, Berne, Bâle et Genève, et toute une foule de localités moins populeuses, distribuent chaque année des vivres en abondance, sains et chauds, aux enfants pauvres; dans quelques endroits, même aux enfants de familles aisées, si les parents en font la demande.— L'Etat n'y participe point et c'est à peine si la commune est mise à contribution. Cela est très beau et, comme dans cette petite République composée de vingt-cinq républiques sœurs, l'œuvre est en pleine prospérité, qu'elle a rallié autour d'elle tout le monde généreux et intelligent, nous croyons pouvoir affirmer qu'elle se trouve sur une base excellente, la meilleure, la plus naturelle, celle qui favorisera au mieux des intérêts de l'enfant le développement de l'institution.

Nous ne défendons pas à l'Etat de s'en occuper. Au contraire, son rôle est tout tracé. Seulement, il ne doit pas légiférer sur une telle matière, ni en assumer l'administration financière. Les Soupes scolaires, à la rigueur, peuvent devenir un service communal. Dépendre de plus haut, nous ne serions plus d'accord. Et puis, ce pauvre Etat moderne, que de bienfaits on attend de lui : La réglementation nationale et internationale du travail, de l'occupation des femmes et des enfants dans les fabriques, les questions si difficiles de l'assurance, la situation de l'agriculture et du commerce, qui sont toujours, selon la belle expression du ministre de Henri IV., les mamelles non pas seulement de la France, mais de l'humanité, et divers autres problèmes tout aussi importants absorbent déjà et pour longtemps l'attention des gouvernements. Il viendra peut-être un jour où des Etats avancés, animés de tendances franchement socialistes et dirigés, pour leurs conceptions, par un esprit de solidarité et de fraternité, élaboreront une loi qui ordonnera qu'à côté, ou mieux, dans l'intérieur de chaque école, il soit établi une Cuisine scolaire, puis, plus tard, le vestiaire et le lavabo. Mais, nous n'en sommes pas encore là, et si nous y arrivons jamais, je serais plutôt persuadé que ces nouvelles charges devraient être supportés—s'il faut en passer pas là—par la commune de tous les habitants, l'autorité la mieux placée pour surveiller l'emploi sage et rationnel des deniers publics. En attendant, continuons l'œuvre et nous aurons bien mérité des générations qui se préparent à nous succéder.

En France, dans quelques grandes villes, il a été fait appel à la coopération des municipalités, la charité privée et les ressources des caisses des écoles ne pouvant pas suffire. Le Conseil municipal de Lyon donne frs. 35,000 pour les Cantines scolaires des écoles maternelles et élémentaires ; celui de Paris, ainsi que nous l'avons déjà écrit, 500,000 frs. A Marseille, de même : le budget municipal prévoit à sa charge les premiers frais d'établissement et d'administration.

L'Autriche vient d'entrer dans la voie. Il y a trois ans à peine que les Soupes scolaires sont organisées dans la capitale et dans quelques autres centres populeux. Mais, c'est d'abord de par la généreuse initiative de personnes devouées à l'enfance qu'elles ont vu le jour. Voici toutefois que le Conseil municipal de Vienne a commencé aussi, pour l'exercice 1888/89, d'allouer une somme de frs. 10,000 pour l'œuvre des Soupes. Il n'en restera pas là, car le nombre des enfants nécessiteux est deux fois plus grand que celui qui a été secouru jusqu'à présent. Les renseignements que nons avons de l'Allemagne sont identiques : à Berlin, Elberfeld et Barmen, la charité privée, éveillée par des sociétés d'utilité publique, a fondé les premiers secours que l'on distribue aux enfants pauvres. En Belgique, les choses ne se passent pas autrement : " Elles sont dues à " l'initiative de la société 'Le Progrès' qui poursuit, par " ce moyen, une œuvre de propagande en faveur de " l'enseignement officiel de l'école laïque." Enfin, aux

Etats-Unis, l'organisation ne diffère pas du principe que nous venons de poser.

Voilà notre point de départ : Les Cantines ou Soupes scolaires doivent être organisées par les particuliers, avec des allocations annuelles fournies par les municipalités, si les dons volontaires ne suffisent point et que la situation financière des communes permette aux conseils d'intervenir. L'Etat n'a qu'une position à prendre : il faut que les ministères de l'instruction publique rappellent de temps en temps aux grandes et aux petites villes l'œuvre si excellente des Cuisines scolaires et en recommandent chaleureusement l'introduction partout, parce qu'elle favorise la santé et le développement intellectuel des enfants, par conséquent des classes laborieuses de l'avenir.

5. Nous abordons une autre question. Doit-on délivrer cette nourriture gratuitement ou bien la faire payer ? Le problème est très clair ; nous voulons tenter de le résoudre, avant d'indiquer ce qui se fait dans les divers pays dont nous nous occupons.

Il y a, comme pour l'origine des ressources dont a besoin l'oeuvre des Soupes scolaires, deux opinions en présence. Cependant, en y regardant de plus près, nous constaterons sans peine qu'il n'en existe réellement qu'une, qui est la même partout et sur laquelle est venue s'en greffer une seconde ou une organisation plus étendue. Cette opinion, ou ce principe, que nous rencontrons à chaque pas, qui est généralement admis dans toutes les localités où les Cuisines fonctionnent, qui en a inspiré la fondation, le principe que nous ne craignons pas de répéter, c'est d'offrir aux enfants pauvres une nourriture en quantité et en qualité abondante et chaude. Voilà leur raison d'être, il n'y en a pas d'autre avant celle-là ; mais, immédiatement après, on a pensé qu'en agissant ainsi, on facilitait pour les mêmes enfants la fréquentation de l'école.

Ce sont les idées-mères, génératrices des Soupes scolaires.

Dès que l'on a voulu les établir, on a dû se demander aussi : mais, sans être véritablement pauvres, il y a cependant beaucoup de familles qui ne sont pas dans une brillante situation, ouvriers honnêtes et laborieux qui vivent au jour le jour, qui n'ont souvent que de maigres salaires, mais qui, malgré cela, ne voudraiet pas recevoir l'aumône, soit pour eux, soit pour leurs enfants. Ils sont encore très nombreux, les parents qui raisonnent ainsi, et, j'en conviens, il est sage, si la chose est exécutable—et la pratique le démontre—d'acueillir également leurs enfants, à la condition toutefois qu'ils aient à payer une finance quelconque pour la nourriture que distribuent les Cuisines scolaires. De cette façon, on soulage le ménage, sans que celui-ci puisse y voir un froissement à sa dignité.

A ce sujet, que l'on nous permette de citer les observations ci-après :

" Vous avez ouvert, dit M. Lavy au Conseil municipal " de Paris, le crédit des cantines pour donner *gratuitement* " une nourriture substantielle aux enfants pauvres qui " fréquentent nos écoles ; c'est à ceux-là seulement que vous " avez entendu l'accorder. Votre décision n'a pas été " respectée."

" Dans la plupart des arrondissements de Paris, en " dehors des portions qui sont distribuées gratis, on en " vend un grand nombre aux enfants qui peuvent payer " et au-dessous du prix qu'elles coûtent. Certains de ces " enfants appartiennent à des familles qui jouissent d'une " modeste aisance : on arrive ainsi, contrairement au désir " du conseil, à donner une semi-gratuité à des enfants en " faveur desquels le conseil n'a pas voulu l'établir."

Les autres rapports renferment des observations plus ou moins analogues. Les Soupes scolaires ont tout d'abord été fondées pour les enfants indigents. Une organisation qui ne prendrait pas en considération ce fait capital, essentiel, serait défavorable à cette œuvre :

" Ce serait, dit encore le même M. Lavy, l'application " maladroite d'un principe socialiste essentiellement juste."

Cependant, on fait une objection à la gratuité complète.

Tout en reconnaissant que les portions ne devaient être entièrement gratuites que pour les enfants absolument indigents, il importait de déterminer une règle à suivre en ces matières qui ont donc fait l'objet de longues études.

M. Duplan dit à cet égard :

" La question de la gratuité des portions étaient plus " délicate. Cette gratuité serait-elle complète ? Serait-" elle réservée aux seuls enfants nécessiteux ?

" L'idée de la gratuité complète des distributions " d'aliments souleva les plus sérieuses objections."

" Sans parler des charges considérables qu'elle aurait " fait peser sur les finances municipales, cette gratuité, " ainsi appliquée sans distinction et sans discernement, " aurait présenté, à un point de vue purement moral, de " très grands inconvénients sur lesquels l'administration se " crut obligée d'insister."

" Il n'est pas bon, faisait remarquer celle-ci dans son " rapport, de décharger les parents de toute responsabilité à " l'égard de leurs enfants. On les habitue ainsi à se " désintéresser de leurs devoirs, au grand détriment de " l'esprit de famille, de la moralité des enfants et des " parents aux-mêmes.

" Le Conseil municipal s'associa à ces considérations et " il fût décidé que les enfants nécessiteux seraient seuls " admis à bénéficier gratuitement de la cantine.

" Mais, pour ménager d'honorables susceptibilités, il " fut convenu que les bons gratuits et les bons payants " seraient identiques et que toutes précautions seraient

" prises pour qu'aucune distinction n'apparut entre les
" enfants nourris gratuitement et les autres.

" Sous la réserve de se conformer à ces conditions " générales, chaque arrondissement a été laissé libre " d'adopter, dans le détail, les modes d'organisation qui lui " conviendraient le mieux.

" La formalité pour obtenir la gratuité, trouvons-nous " dans le rapport du XVIIIe arrondissement de Paris, " consiste dans la remise au directeur ou à la directrice " de l'école d'une demande signée par le chef de la famille."

Il existe des formulaires imprimés pour ces demandes.

Nous aurions encore d'autres observations, en particulier celles qu'adressait M. le Préfet de la Seine au Conseil municipal sur " la gratuité accordée à tous les " élèves des écoles dont les parents la demandent.

" Il y a peut-être dans cette application d'un beau " principe quelque chose d'excessif."

Mais, nous ne ferions que de nous répéter et on voit, par ce que nous venons de reproduire, qu'il se dégage de tout ce débat une conclusion très nette : Les enfants indigents reçoivent leur nourriture gratuitement dans toutes les villes et autres localités où fonctionnent les Cuisines scolaires. Les enfants dont les parents peuvent payer, sont astreints à verser entre les mains de l'administration une finance qui n'est jamais supérieure, mais presque toujours inférieure au prix de revient de la portion servie.

On peut se convaincre, par ces passages, que cette question de gratuité est de nature assez délicate et ne se tranche pas aisément. Où doit-on s'arrêter ? Qui est vraiment pauvre, ou indigent, ou nécessiteux ? Et si l'on n'admet que les enfants qui sont dans l'impossibilité de payer quoi que ce soit, l'institution ne produit peut-être pas tous les effets que l'on fonde sur elle ; si, par contre, on accueille tous ceux dont les parents en font la demande, il faut alors donner à l'œuvre, dans certaines villes, une extension tellement grande que pour bien l'administrer on sera obligé de créer une nouvelle classe de fonctionnaires. Est-ce le but que l'on cherche à atteindre ? Nous en doutons bien un peu. En outre, avec un pareil encombrement d'enfants, une trop grande facilité d'admission, on risque aussi de favoriser des négligences : quelques familles, bien que gagnant leur pain de chaque jour, n'hésiteront pas à profiter de l'aubaine. Avec peu de centimes, elles pourront faire entretenir un, deux, voire trois enfants par les Soupes scolaires ; ou bien, le père et la mère insousciants, heureux d'être débarrassés de leurs petits, ne songeront plus que leur premier, leur plus important devoir est de nourrir convenablement les êtres à qui ils ont donné le jour.

Au surplus, nous l'avons déclaré autre part : pour que l'éducation de l'enfant soit sérieuse, compléte, il faut l'action, l'influence du foyer, des parents. On n'a qu'à étudier la société, les hommes qui nous entourent. On y fait de très curieuses observations. Je connais des citoyens qui, poussés, favorisés par diverses circonstances, sont arrivés, en partant de très bas, à occuper les postes les plus élevés dans mon pays. Or, malgré leur fortune, en dépit même de l'instruction acquise, du vernis que leur a donné le monde nouveau dans lequel ils ont vécu, ils ont conservé dans leur langage, la tournure de leur esprit, dans leurs mœurs et leur genre de vie, leur façon de comprendre l'existence, quelque chose qui est peut-être devenu très vague, presque insaisissable, mais que l'on peut faire remonter aux jours de leur enfance, à leur prime jeunesse passée au foyer entre le père et la mère, les frères et les sœurs que façonnent les us et coutumes de la contrée que l'on habite. Oui, évidemment, on porte avec soi, au travers de ce monde, des souvenirs, des habitudes, des idées, même aussi des préjugés, des vertus, et des défauts qu'a vus naître le toit paternal. Tel enfant dont les parents ont été honnêtes, le restera forcément, quand même il serait poursuivi par l'adversité. Tel autre, qu'un père négligent aura élevé, suivra l'exemple donné. La pomme ne tombe pas loin de l'arbre—sauf les exceptions.

Nous ne voulons pas quitter ce sujet sans reproduire encore les paroles que nous adressait un jour un grand homme d'école, pour qui l'éducation et l'instruction de l'enfant était une sorte d'apostolat : Il y a deux facteurs qui font tout l'homme futur, le citoyen de l'avenir : j'ai nommé l'école et la famille. Pour plusieurs, celle-ci est plus importante que celle-là ; pour un grand nombre, celle-là exerce une influence tout aussi durable. Mais pour tous les enfants, quand la famille et l'école marchent ensemble, la main dans la main, qu'elles accomplissent chacune leur devoir sans empiéter sur leurs droits réciproques, on peut alors développer sainement et intellectuellement notre jeunesse. Toutes les institutions ont leur bon et leur mauvais côté: celui de l'école, c'est de supprimer une partie de l'influence de la famille ; celui de la famille, c'est de négliger ou mieux encore, de ne pas favoriser par tous les moyens en son pouvoir l'influence de l'école.

Voyons maintenant la pratique des Cantines scolaires dans quelques-unes des villes dont nous avons déjà cité les noms :

Il est communément admis, en Suisse, que les Soupes scolaires soient distribuées gratuitement à tous des enfants pauvres. Cependant, dans certaines localités, les élèves qui sont éloignés de l'école, paient cinq ou dix centimes, selon les cas et si leurs parents sont dans l'aisance. Genève fait exception : leurs cuisines sont installées sur le modèle de celles de Paris. Ainsi, d'après un rapport que j'ai sous les yeux, dans une commune de ce Canton—et les choses se passent de même dans les autres—je vois que pendant ce dernier hiver on a distribué 1,129 rations payées et un peu moins de rations gratuites. Les premières figurent dans le tableau pour le 55% des rations totales. Dans d'autres endroits, à St-Imier, où nous habitons, elles sont toutes gratuites—à l'exception de quelques-uns de nos pensionnaires qui apportent ce qu'ils peuvent, cinq ou dix centimes. Nous avons déjà dit que nous ne prenons que les enfants le plus dans le besoin.

Des distributions aussi toutes gratuites se font dans plus de 170 écoles communales de Berlin. La portion n'est pas trop abondante, mais le comité qui vient de débuter, se propose de pousser plus énergiquement à la réalisation de cette œuvre bienfaisante.

On procède de la même façon à Vienne, à Prague et dans plusieurs autres villes de l'empire austro-hongrois. Quelques enfants, mais c'est rare, payent une légère finance. Les Soupes sont ici destinées aux classes pauvres, comme nous en avons fait la remarque plus haut.

Nous connaissons le système de Paris. L'institution, dans la capitale de France, a des portions gratuites, semi-gratuites et payantes. Les enfants de Marseille qui vont aux distributions paient également quelque chose, si leurs parents ne sont pas complètement dans la misère.

En Belgique, du moins à Bruxelles, les repas sont gratuits pour tous les enfants pauvres et, jusqu'à ce jour, on n'a admis que ceux-ci.

La manière de faire les paiements pour obtenir des aliments n'est pas déterminée par les règlements. Pourtant, à Paris, un bureau est ouvert chaque jour, comme on le verra dans l'appendice, ou bien le matin de 8½ heures à 9½, à la mairie de l'arrondissement ; ou, à l'entrée des classes, les enfants reçoivent leurs jetons contre argent comptant. Il ne viendra sans doute à l'idée de personne de payer une année d'avance. Que quelques familles le fassent pour une semaine, même pour un mois, cela s'explique : quand certains pères ont de l'argent disponible, ils se hâtent d'assurer la nourriture des leurs pour quelque temps.

Le prix d'un repas dépend, cela va de soi, de sa composition. Si ce n'est que du pain et de la soupe, on l'estime à dix centimes. Avez-vous de la viande et des légumes ? Alors, il augmente naturellement. A Paris, chaque jeton coûte cinq centimes ; il y en a trois pour chaque diner (ou déjeuner). Un pour la soupe, un pour la viande et un pour le légume. A Genève, le repas coûte vingt centimes. Il ne peut pas être question de prix ou le principe de la gratuité est admis. Cependant, il arrive quelquefois que les enfants remettent, comme il a été dit, cinq, dix ou quinze centimes aux préposés de la Cantine scolaire. Ils ont reçu cela de leurs parents, ou eux-mêmes les ont gagnés en faisant quelques courses pour un voisin. Nous recommanderions chaudement ces petits dons volontaires, non pas tant pour la ressource qu'ils constituent que pour habituer les enfants, d'abord à ne pas gaspiller leurs sous, ensuite à contribuer à la bonne œuvre dont ils sont les premiers, presque les seuls à profiter directement.

Dans plusieurs villes, le système est encore plus simple : on achète, dans les Cuisines populaires, des jetons qui donnent droit soit à une soupe, soit à un repas complet. Les enfants, munis de ces jetons, se rendent dans ces locaux où, contre la remise de leurs marques, ils obtiennent à manger. Ainsi à Buda-Pest et à Trieste, de même qu'à Zurich. La cuisine dite : *Wiener Schulküche*, à Vienne, établie pour les enfants pauvres des écoles évangéliques, s'ouvre aussi devant les autres enfants ; mais, ces derniers doivent payer 5, 10, ou 15 kreuzer par repas, suivant les moyens dont disposent les parents.

Les dépenses des Soupes ne peuvent être supportées par les fonds des Cantines scolaires. Pourquoi? Parce que celles-ci, nées d'hier, n'en possèdent pas encore et qu'elles sont forcées, pour fonctionner, d'attendre la rentrée des subsides volontaires. Cette incertitude est regrettable ; mais, si on accepte le principe posé, que cette œuvre doit être fondée et administrée par la charité privée, on ne peut pas exiger, pour le moment, qu'elle ait déjà assez de capitaux pour s'entretenir elle-même rien qu'avec les intérêts. Cela viendra, car partout on commence à créer un fonds spécial, celui des Soupes scolaires. A Vienne, il y a déjà 60,000 frs., et voici deux ans que la "Société centrale" a débuté; à Berlin, quelque chose comme 16,500 marks ; à Paris, l'administration des cuisines est sous la responsabilité des Caisses des Ecoles, qui sont plus ou moins fortunées. Comme, dans la plupart des villes suisses la gratuité est admise et que les ressources, qui proviennent de la charité volontaire, sont absorbées par les dépenses annuelles, il s'en suit que les fonds de réserve n'atteignent pas encore un chiffre bien élevé. Cependant, le peuple intelligent songe à l'avenir et il met de côté, et avec soin, le superflu. Petit à petit, les réserves s'accumuleront, quelques personnes généreuses les enrichiront et plus tard, quand cette institution aura pénétré dans nos mœurs, on pourra avec plus de sûreté en garantir l'existence—si celle-ci est encore nécessaire avec les réformes sociales qui se dressent à l'horizon de notre fin de siècle. Si toutes les municipalités étaient en mesure d'imiter celle de Paris, la situation changerait de face. Aussi doit-on remercier, au nom de la pauvre jeunesse si digne de compassion et d'intérêt, le Conseil municipal de cette grande ville pour la sollicitude qu'il témoigne au petit monde de ses écoles.

Toutes les Cantines, nous parlons de celles dont nous avons des comptes officiels, tiennent un registre exact des rations gratuites. Elles inscrivent chaque jour, et, à la fin de l'hiver ou de l'année scolaire, on en établit la récapitulation. Nous avons déjà donné des chiffres ; en voici d'autres. Paris est toujours en tête, sans doute parce que, ici, grâce surtout au subside de frs. 500,000, on a pu développer l'œuvre sur de plus larges bases. Dans le seul arrondissement de Montmartre, on a distribué, pendant l'année scolaire 1884-1885, 682,246 portions payées et 123,490 portions gratuites. L'année suivante, il y a eu 1,110,827 portions, soit 736,526 payées et 374,301 gratuites. Les premières ont fourni une recette de frs. 36,776. 90 ch. " Il y a loin, dit un rapport, de ces chiffres aux frs. 54 que " ratifiait la Caisse des Ecoles, cinq ans auparavant, comme " dépensés pour aliments donnés aux enfants." Vraiment, il y a loin entre ces deux sommes. Celle de 1885-1886 est tout simplement éloquente.

En 1888, dans le même arrondissement, on a délivré :

Portions payées : 923,783.
Portions gratuites : 660,360.

Pour cette année-là, mais dans toute la ville, il n'y avait pas moins de 28,228 portions par jour, dont 12,263 gratuites et 15,965 payées. On comprend le bien que l'on peut faire en voyant ces chiffres s'aligner en leur nombre presque fantastiqne.

A quoi bon pousser plus loin nos citations? Partout où existent les Soupes scolaires, elles nous montreraient que le monde des Cantines augmente d'année en année. Aussi la Caisse des Ecoles de Montmartre dit-elle avec raison :—

" Cette institution des cantines est de plus en plus " appréciée par les parents dont les enfants trouvent à " l'école des aliments chauds et sains en quantité suffisante. " De nombreuses demandes de gratuité partielle ou entières " nous sont adressées, elles sont toujours examinées avec " soin et accordées si l'indigence des parents est reconnue.

" Nous devons, dans ces circonstances, agir avec beau-
" coup de circonspection, dans l'intérêt de nos finances
" d'abord, et pour éviter aussi que les parents se désinté-
" ressent de leurs devoirs envers leurs enfants."

6. De ce qui précède, on a pu se rendre compte du genre d'alimentation qu'offrent aux enfants les Cantines ou Soupes scolaires. Cependant, il nous paraît opportun de mieux spécifier encore. Et, pour mettre un peu de clarté dans cet exposé sommaire, nous reprendrons les principales villes qui nous ont déjà servi d'exemples.

" Les secours aux enfants pauvres qui fréquentent les
" écoles, nous écrit M. le Dr. Roth, ministre plénipotentiaire
" de la Suisse à Berlin, consistent en un déjeuner qui est
" pris à dix heures pendant la récréation. Dans la
" règle, les enfants qui sont en bonne santé reçoivent des
" tartines de pain noir recouvertes d'une sorte de graisse
" *(Fleischfett)* ou de beurre; ceux qui sont de santé
" délicate ont du pain blanc, du lait cuit ou une soupe
" de farine de seigle. On donne aussi parfois aux enfants
" particulièrement faibles un peu de vin rouge."

" A Buda-Pest, nous annonce-t-on d'Autriche, contre
" le paiement de 10 kreuzer, les enfants obtiennent, pour
" des jetons que leur donne gratuitement un comité de
" dames, un excellent repas composé de légume, de viande,
" de soupe et de pain." Toutefois, dans cette ville, ce ne sont pas de véritables Soupes scolaires; elles portent le nom de Cuisines populaires, comme nous l'avons déjà dit, sauf erreur. Le comité qui s'intéresse aux enfants pauvres passe un contrat avec ces cuisines, lesquelles, alors, distribuent les aliments que nous venons de mentionner aux conditions arrêtées. Trieste a une semblable organisation. On peut se procurer, pour les enfants, des rations variant entre 2 et 15 kreuzer.

Journellement, pendant toute la mauvaise saison de 1888-89, 750 enfants de Prague ont été nourris gratuitement d'un dîner complet comprenant du pain, un huitième de kilo de viande et d'un légume sec, comme riz, gruau, pois ou haricots. Cette institution fonctionne admirablement bien. Les dépenses sont supportées moitié par la commune, moitié par des secours privés.

Suivant ce que m'écrit M. le ministre suisse Aeppli, à Vienne, l'organisation des Soupes scolaires, dans les autres grandes localités autrichiennes, ne diffère pas de celle que nous avons indiquée ci-dessus.

En Suisse, le repas n'est pas le même non plus. Tandis qu'à Genève le dîner se compose de pain, de légume, de viande et de soupe ; de fruits ou de poudding ; à Bâle, à Berne et autres lieux on ne donne que de la soupes, ou du lait et du pain. A St-Imier, de la soupe et du pain, et, tous les hivers, vers Noël et à fin mars, un grand diner avec légume, viande et vin. A Paris, à Bruxelles, comme à Prague et à Genève, le menu est à peu près identique. Il varie chaque jour.

Tantôt ces distributions sont faites par des employés spéciaux (Paris, Genève) ; la plupart des autres villes font appel au dévouement du corps enseignant ou de personnes portées de bonne volonté (Bâle, Berlin, Berne, Prague, etc., etc.) Quelquefois, les plus grands enfants aident également, soit pour aller chercher les vivres, le pain ou la viande, soit pour servir. De préférence, cependant, on ne les emploie pas. L'institution gagne à être bien administrée.

Le nombre des enfants varie aussi, selon l'importance des villes et la grandeur les locaux mis à la disposition des Soupes scolaires. On en compte 2,000 à Berlin, 3,000 à Vienne, 10,000 à Paris, 750 à Prague, 850 à Bâle, 1,500 à Bruxelles. Il n'est toujours pas facile de loger tant de monde; néanmoins, jusqu'à maintenant, on a réussi à lui trouver de la place.

Paris a donc des employés, dont les attributions sont fixées par des règlements.

Voici encore ce que dit un autre rapport du 18e arrondissement :

" Le service comprend 15 cantines qui occupent 41 " cantinières et aide-cantinières de trois classes distinctes.

" Ces 15 cantines alimentent 39 écoles, 28 primaires, " 10 maternelles et une école enfantine, qui reçoivent " 13,000 enfants environ.

" Chaque cantine est sous la surveillance directe d'une " dame déléguée qui détermine le menu (composé toujours " de soupe, viande et légume), veille aux achats et " approvisionnements, contrôle les menues dépenses des " cantinières, l'exactitude et la qualité des livraisons " particulières, goûte les aliments, vérifie, concurremment " avec les directeurs et les directrices, le compte des portions " servies, gratuites ou payées ; enfin, à l'expiration de " chaque mois, vise les relevés des fournisseurs et établit " la récapitulation du service sur des états imprimés à " cet effet, etc., etc.

" Les cantinières sont de simples employées, se bornant " à la cuisson des aliments, à leur distribution, aidant " au nettoyage du matériel et le surveillant."

On le voit, l'œuvre est réglementée jusqu'en ses plus petits détails. Peut-être est-ce un bien ? Et, pourtant, je connais des établissements de Soupes scolaires qui n'ont même pas de statuts (Prague et d'autres) et où les services rendus par cette institution n'en sont pas moindres.

L'achat des aliments se fait d'ordinaire en gros pour chaque cantine ou cuisine particulière. Dans plusieurs villes on a discuté la question de savoir s'il n'y aurait pas un avantage financier à acheter les choses nécessaires pour l'ensemble de toutes les cantines ; mais, l'exécution de ce projet présentant trop de difficultés (commandes, manque de place, surveillance des marchandises, etc., etc.,) on y a renonce. C'est le cas pour Paris. Où l'œuvre a des allures plus modestes, un tel besoin ne s'est jamais fait sentir. Puis, comme il s'agit d'une institution qu'on doit rendre populaire, la plupart des fournisseurs, quand on s'adresse à ceux de la localité, livrent leurs marchandises au plus bas prix possible. Nous avons trouvé cette observation dans quelques rapports, et nous savons qu'elle est vraie, parce que nous avons eu maintes fois l'occasion de la faire nous-même. D'ailleurs, ce procédé nous semble assez avantageux et il est plus pratique : on a d'abord des aliments plus frais, la différence des prix entre le mi-gros et le gros est très faible et, de cette façon, on intéresse un plus grand nombre de personnes à l'œuvre des Soupes scolaires—but que l'on ne doit ni ne peut négliger, car c'est une des conditions du succès.

Le prix des repas ou des portions ne subit pas beaucoup de changement d'un endroit à un autre. La ration est en général de cinq centimes ; c'est à peu près ce qu'elle vaut réellement. Cependant, il faut faire un sacrifice avec la viande. Un diner composé de soupe, viande, légume et pain revient à 15 cts. à Paris, à 20 à Genève. Où l'on ne sert que de la soupe et du pain, c'est 10 cts. Donc, une différence très peu sensible.

Il est compréhensible que, dès l'instant où l'on a fondé les Soupes scolaires, il ait fallu songer à établir aussi une cuisine appropriée à cet usage. Le travail que donnent ces dîners n'est pas petit. Les locaux ont dû prendre de plus vastes proportions que si l'on s'était borné à servir simplement de la soupe. Quant aux ustensiles indispensables, leur qualité dépend aussi de la nature du repas. Les villes qui n'ont qu'une distribution de soupe emploient des marmites (chaudières) d'une contenance de 100 à 120 litres, qui se chauffent aisément, avec du bois et à peu de frais. Il arrive même souvent que des particuliers fournissent encore gratuitement, comme don volontaire, le combustible nécessaire. Le système de marmites que nous avons est très pratique. La flamme enveloppe l'ustensile, par une disposition particulière, et en fort peu de temps, produit sur toutes les parties une cuisson constante. Certaines cantines ont des potagers ordinaires, où de gros poèles reposant sur des fours en terre où l'on allume le feu. Nous avons vu que dans plusieurs écoles on avait recours aussi à la cuisine du concierge.

Pour le combustible, on ne peut guère donner de détails précis. Cette question est liée, au reste comme toutes les autres, à l'organisation des Cuisines scolaires, au nombre des enfants à nourrir et à la nature des repas. Si ceux-ci sont complets et qu'il soit besoin d'un feu soutenu, naturellement que les poèles ou fourneaux à houille sont préférables. Il sera possible de réaliser quelques économies, car le chauffage avec le bois coûte toujours plus, du moins dans les grands centres de population. Nous savons, entre autres, que les Cuisines populaires, en voie de prospérité, ont admis la houille.

Le choix du personnel, quand le dévouement ne suffit plus, c'est-à-dire dès que la Cantine scolaire se développe comme à Paris et à Genève, est une affaire grave. Il faut des gens sérieux, foncièrement honnêtes, dignes de la confiance des autorités scolaires. Dans chaque contrée, leur salaire est naturellement en rapport avec le travail à faire et le prix de la journée. Ces employés sont payés, les uns par jour, les autres par mois, dans quelques villes par année. Lorsque c'est le concierge lui-même qui est chargé de préparer la soupe ou le lait, on lui accorde un supplément de traitement, calculé sur le nombre de jours pendant lesquels se fait la distribution.

Voici des chiffres de salaires, tels que nous les avons obtenus :

L'arrondissement de Montmartre (nous prenons celui-ci parce qu'il possède l'organisation la plus complète) se partage en 16 cantines, ayant, pour les desservir toutes : 16 cantinières à 45 ou 50 frs. par mois, selon l'importance de la cantine ; deux aide-cantinières à 40 frs. ; 10 aide-cantinières à 30 frs. ; et 14 aide-cantinières à 20 francs. N'est-ce pas à effrayer les petites villes ? A côté de ce personnel, on mieux au-dessus, puisqu'elle est chargée de le surveiller, on a créé un poste d'inspectrice qui, comme le nom l'indique, visite ces cantines et fait ses rapports aux autorités scolaires.

Autre part, dans les cuisines dont les distributions ne comprennent que de la soupe et du pain, le salaire est peut-être tout aussi élevé, sinon davantage, mais le nombre des employés est très reduit. Chez nous, nous payons deux francs (cela fait à peu près 1 fr. 20 pour 100 enfants par jour) ; à Genève de 1 fr. à 1 fr. 50 cts. A Marseille, la cuisinière reçoit 360 frs. par an. Ces sommes nous paraissent plus que suffisantes, car cette occupation ne leur prend pas leurs journées entières. Il n'en est plus de même où le diner est servi complet.

" Nous venons de parler des cantinières, dit un " rapport, de Paris. On emploie à leur égard cinq ou six " modes de paiement : ici on les rétribue d'après le nombre " des portions distribuées, là d'après leur ancienneté, ailleurs " d'après la bonté de leur service ; ici on les paie au mois, " là à la journée. Quant au taux du traitement, il est " variable : il descend jusqu'à 20 francs et monte jusqu'à 60 " francs. La moyenne pour les cantinières est de 40 à 50 " francs ; pour leurs aides, de 20 à 30."

Le mobilier est des plus simples. Des tables, ou en bois nu ou recouvert de plaques de zinc ; des chaises ou des bancs. Chaque enfant a son assiette, sa cuiller et sa fourchette. Parfois, où c'est nécessaire, aussi un couteau et même une serviette. Les assiettes sont en fayence ou en étain ; on donne un litre d'eau pour plusieurs, avec un ou deux verres. Quelques villes ont des bidons à l'aide desquelles on transporte la Soupe d'un quartier à l'autre. Prague, pour ce service, emploie de petites voitures couvertes en tôle. Il faut compter aussi les autres ustensiles de cuisine indispensables à la préparation sommaire des menus que nous avons cités.

De nulle part on ne nous a dit que l'on distribuait des habits ou de l'argent avec les aliments que donnent les Cuisines scolaires. En général, d'autres comités se chargent de cette nouvelle œuvre, plus ancienne et tout aussi importante que les Soupes.

Avant de clore ce chapitre, faible tableau de ce qui se fait dans les villes que nous venons de nommer, nous nous permettons de résumer en quelques phrases les diverses observations recueillies :

Les Soupes scolaires sont distribuées aux enfants seuls à l'exclusion de tout autre classe de la population.

Au début, on est parti de cette idée qu'elles étaient destinées spécialement aux enfants pauvres, parce que ce sont ces derniers qu'il faut soulager et bien nourrir, afin qu'il puissent, grâce à cette institution, fréquenter plus régulièrement l'école populaire, élémentaire, maternelle ou enfantine. Peu à peu, l'œuvre affirmant ses bons effets et devenant l'objet de la sollicitude de tous ; étant de plus en plus soutenue par des subsides municipaux, on a ouvert plus largement les portes de la Cuisine scolaire, non pas dans toutes les villes, et d'autres enfants ont pu y entrer, sur le désir de leurs parents et en payant un prix modéré pour les repas qu'ils en ont obtenus.

Les investigations, concernant les pauvres, la situation des familles, se font d'ordinaire par les soins des instituteurs et des institutrices, des commissions d'école, des comités de bienfaisance et de toutes les personnes qui s'intéressent au sort des malheureux.

Le plus souvent, comme local, on choisit une salle dans la maison d'école. S'il n'y en a point de disponible, on loue dans les environs une pièce quelconque qui puisse être arrangée sans trop de frais pour y recevoir les enfants.

Dans ce dernier cas, les écoliers, la classe finie, vont prendre leur repas dans ce local. Si l'on ne peut installer une cuisine avec fourneau, soit par faute de place, soit par manque de fonds, on s'entend avec les Cuisines populaires, et les aliments sont distribués ici ou bien portés, dans de grands bidons, aux différents bâtiments scolaires de la ville où il y a des enfants pauvres admis aux Soupes.

En aucun pays l'Etat n'intervient. Dans certaines villes, le Conseil communal (municipal) accorde un subside plus ou moins grand, suivant ses ressources et le nombre des enfants qui sont dans le besoin. Le principe de la charité privée est la règle.

Les repas sont gratuits pour les pauvres, les enfants malingres; ceux de familles plus aisées qui prennent part aux Soupes en paient le prix, qui varie peu pour le même menu, mais lequel va de cinq à vingt et vingt-cinq centimes, suivant ce que l'on donne. Cette dernière somme est rare. Le prix ordinaire est quinze centimes et le diner comprend du pain, de la soupe, un légume et de la viande. On tient un registre exact des portions délivrées, payées et gratuites. Les portions gratuites, les frais d'installation, d'administration et d'exploitation sont couverts par les intérêts du fonds des Soupes scolaires, les dons volontaires de personnes généreuses ou de sociétés anonymes, les produits de fêtes et de bal, les collectes et les subsides municipaux. Les comptes des recettes et des dépenses s'établissent régulièrement chaque année.

La distribution des aliments consiste en un déjeuner ou un diner ; parfois une simple collation le matin, ou même une tasse de lait à l'ouverture des classes. Donc, comme heure des repas, on trouve : 8, 10 ou 12 heures du matin.

Lès enfants sont servis, soit par les membres du corps enseignant, soit par un personnel salarié, soit par des membres du Comité des Soupes ou des Comités de bienfaisance.

Le nombre des enfants, au lieu de diminuer, semble aller en augmentant d'année en année.

La nourriture est de bonne qualité, les soupes sont de nature variée. D'ordinaire, chaque cuisine procède elle-même aux achats de la marchandise dont elle a besoin. On a renoncé à l'idée de centraliser les achats.

Certaines Cuisines scolaires sont bien tenues, d'autres dans un état suffisant, les ustensiles pratiques et le mobilier très simple. Le personnel est plus ou moins nombreux, selon l'extension de l'œuvre.

L'institution des Soupes est séparée de la distribution des vêtements. L'œuvre fonctionne surtout en hiver.

Cela dit, il convient, cette fois, d'aborder le dernier chapitre de cette étude : Les effets des Cuisines ou Soupes scolaires. C'est là que nous allons voir si cette création nouvelle se justifie réellement et pleinement.

IV.

A tout seigneur, tout honneur ! Comme les Cuisines scolaires ont été spécialement instituées pour les enfants pauvres, nous allons maintenant essayer de noter leurs effets sur les petits écoliers qui y prennent part. Les expériences que l'on a déjà faites, que j'ai fait moi-même ne se trouvent pas consignées dans de très nombreux rapports ; cependant, l'un ou l'autre consacrent quelques lignes à ce sujet.

Les renseignements qui nous sont arrivés établissent d'une manière générale l'heureuse influence des Soupes scolaires. En France, en Allemagne et en Suisse, surtout dans ce dernier pays, nul ne conteste plus le caractère populaire de cette institution. Les Commissions d'école, qui peuvent le mieux juger des services que rendent ces distributions d'aliments, sont unanimes pour en recommander l'organisation. L'opinion publique les admet aussi comme l'une des œuvres les plus excellentes créées pendant ces dernières années. Quand une innovation éveille ainsi la sympathie de tous, qu'elle s'inspire de besoins sérieux et intéressants et qu'elle coopère au bien-être de l'humanité, toutes qualités des Soupes scolaires, cette innovation est bonne et ses effets en sont salutaires.

Voici ce que dit M. Duplan, directeur de l'enseignement primaire du département de la Seine :

« Quant aux résultats des Cantines scolaires (Soupes), « il n'est personne qui en conteste l'importance, et les « comptes rendus des Caisses des Ecoles, les rapports de « l'inspection, sont unanimes à constater la bienfaisante « influence de cette institution sur la santé des enfants « et sur la fréquentation de l'école.

" En distribuant une nourriture sustantielle aux enfants " parisiens, trop souvent affaiblis par les mauvaises condi- " tions hygiéniques dans lesquelles ils sont obligés de vivre, " les cantines n'ont pas seulement pour effet d'apporter un " soulagement immédiat et momentané à des infortunes " intéressantes ; elles relèvent le niveau de la santé publique " et préparent des générations robustes.

" Aussi est-ce avec raison qu'en proposant récemment " au Conseil municipal d'augmenter le crédit affecté à l'entre- " tien des Cantines scolaires, un membre de cette assemblé " à pu dire : L'institution des cantines est une des meil- " leures que le conseil ait créées. Les sommes dépensées " par les cantines sont appelées à dégréver de sommes plus " considérables le budget des hôpitaux.

" Il importe, lisons-nous dans un autre rapport de " M. Lavy, au Conseil municipal de Paris, il importe de ne " pas laisser cette œuvre péricliter, mais, au contraire, de la " régulariser, de lui donner une forme plus nette, de faciliter " son développement, en en faisant une véritable institution " de solidarité sociale.

" Plus d'une fois, continue le même rapporteur, des " esprits éminents ont émis l'idée que l'éducation de l'enfance, " toute l'éducation de l'enfance est à la fois pour la collec- " tivité un droit et un devoir. Dans nos cantines on peut " voir en germe l'éducation matérielle de l'enfance assurée " par la commune, et, dans de telles conditions que les plus " timorés d'entre nous ne peuvent en concevoir aucune " alarme. Le progrès qui s'accomplit lentement, sans " secousses, ne rencontre jamais aucun adversaire éclairé et " loyal."

De Bruxelles, on nous écrit :

" Quant aux résultats obtenus, ils sont de deux natures : " des résultats matériels et des résultats intellectuels. " Depuis l'organisation des Soupes scolaires, nous avons

" pu constater chez les enfants qui y participent une
" amélioration appréciable au point de vue de la santé, et,
" de plus, une plus grande régularité dans la fréquentation
" scolaire."

Le Directeur de l'éducation du Canton de Berne (Suisse) s'exprime ainsi :

" A en juger par les rapports qui nous sont parvenus de
" certaines communes, cette mesure (Les Soupes scolaires)
" a produit de salutaires effets : l'application des enfants
" est devenue plus grande, l'attention plus soutenue ; les
" écoliers déploient plus d'activité et montrent plus de goût
" pour le travail ; elle a enfin, plus que les peines pro-
" noncées par le juge, amélioré d'une façon sensible la
" fréquentation scolaire.

" Aussi éprouvons-nous le besoin d'adresser nos plus
" chaleureux remerciements à tous ceux qui ont coopéré
" à cette assistance, aux autorités, aux sociétés et aux
" comités, aux instituteurs et aux particuliers. Nous
" espérons que personne n'abandonnera l'œuvre commencée
" et que les enfants indigents qui sont astreints à fréquenter
" les écoles, seront toujours plus et toujours mieux
" soutenus."

Dans le rapport d'une autre année, la même Direction dit encore :

" Les Commissions scolaires sont unanimes à déclarer
" que le résultat de ces œuvres de bienfaisance (Les Soupes)
" a été des plus favorables et des plus réjouissants, aussi
" bien quant à la fréquentation de l'école qu'en ce qui
" concerne la santé et les forces des enfants."

Nous pourrions répéter à l'infini des appréciations en tous points analogues à celles qui précèdent, lesquelles nous trouvons dans les lettres et les rapports qui nous ont été envoyés de Vienne, de Berlin, de Bruxelles et d'autres villes. Partout, le résultat est plus ou moins indentique et les comités qui organisent les Soupes scolaires s'en déclarent très satisfaits: L'enfant se porte nécessairement mieux, il travaille avec plus de courage et d'intelligence, il fréquente l'école avec une régularité plus suivie—que si cette excellente institution n'existait point.

Nous-même qui, depuis trois ans, avons une part dans la direction des Soupes scolaires de la belle localité que nous habitons, nous constatons aussi le même résultat. Pendant ces trois derniers hivers, de décembre à fin mars, par conséquent durant la saison la plus mauvaise, nous avons distribué une soupe nourrissante, et du pain, en abondante quantité, à environ cent-soixante enfants. Nous ne voulons pas dire que nous avons vu les couleurs refleurir sur les visages pâles des pauvres petits, ni que, en un clin d'œil, ils sont devenus plus intelligents. Toutefois, il est certain que cette nourriture leur plaisait, qu'il la prenait avec le plus réjouissant appétit. Elle devait, par conséquent, contribuer à fortifier leur santé. En outre, le contrôle nous permet d'établir qu'à de rares, très rares exceptions près, on avait pendant toute la durée de la distribution, de quatre-vingt à quatre-vingt-dix jours, le même nombre de pensionnaires, d'où il s'ensuit que la fréquentation de l'école était meilleure.

Certes, oui, au point de vue physique, les Soupes scolaires ont un résultat heureux et qui sera d'autant plus général et plus sûr que l'institution en deviendra régulière. Que de fois déjà n'avons-nous pas eu l'occasion de nous rendre compte de l'état maladif et misérable de beaucoup d'enfants qui, aux jours de l'hiver, s'en vont à l'école, après un maigre déjeuner, composé d'un café affreux, souvent froid et par-dessus le marché, d'un morceau de pain que la misère a elle-même mesuré! Et, durant deux ou trois heures, il faut que ces enfants restent assis sur leurs bancs, qu'ils écoutent le maître ou la maîtresse parlant des belles et bonnes choses de la création, du devoir de tous et de la loi du travail : ils ont l'air de prêter une oreille attentive, plusieurs le font effectivement, mais il y en a qui songent au dîner qu'ils retrouveront à la maison, car la faim tourmente leurs lèvres pâlissantes.

Avec les Soupes scolaires, rien de cela ! Les angoisses disparaissent en partie, la tranquillité de l'enfant est assurée et il puisera, avec une nourriture fortifiante, les forces de travailler.

On a bien raison de dire que l'on prépare de cette manière les générations robustes. Et il en faut pour les temps actuels. La jeunesse doit donc être entourée de ces soins qui ont pour effet un sain développement physique. Et, comme nous l'avons fait remarquer ailleurs, si les exercises gymnastiques sont à recommander, les Soupes scolaires ne le sont pas moins. En général, l'enfant bien nourri échappe à plusieurs maladies qui atteignent l'enfant du pauvre. Et celui-ci, c'est une observation très souvent faite, résiste mieux encore aux affections morbides, si son alimentation s'améliore. Une preuve que l'institution des Soupes exerce une bonne influence sur la santé, c'est la régularité avec laquelle ces sortes de repas fraternels sont suivis par les mêmes enfants.

" Ventre affamé n'a pas d'oreilles," avons-nous dit au commencement de cette étude. Proverbe d'une grande vérité quoiqu'exprimant une pensée vulgaire. Mais, il faut avoir le courage d'appeler les choses par leurs noms. La nécessité de fréquenter l'école une fois admise—et, de nos jours, peu de personnes la rejettent ;—en tout cas, l'obligation, pour l'homme, d'acquérir certaines connaissances étant maintenant généralement reconnue, il est indispenable que l'on prenne toutes les mesures qui favorisent cette fréquentation et les intérêts moraux et intellectuels de l'enfant. Il n'existe pas d'ennemi de l'école populaire plus difficile à combattre qu'une mauvaise fréquentation. Cela enraye tout : la méthode, le maître et les élèves. Aussi est-ce bien une des plus puissantes raisons que l'on invoque quand on veut démontrer que l'obligation d'aller à l'école est contraire à la liberté individuelle et à l'autorité du père de famille. L'école privée ne souffre pas autant de ce mal. Car, dès qu'un certain nombre de parents s'entendent pour fonder une classe libre, on peut être assuré que leurs enfants fréquenteront tous les jours, excepté en cas de maladie.

Avouons-le franchement : l'école publique, l'école obligatoire est considérée par plusieurs, et souvent par les familles pauvres, comme une charge, une sorte d'impôt très lourd et très désagréable. Elles y envoient leurs enfants avec mauvaise humeur, et, pourtant, ces derniers ont un plus pressant besoin de recevoir une bonne instruction pratique que les enfants du riche. Or, si l'on ajoute à cette espèce d'aversion contre l'école, la misère qui règne dans le ménage, la presque impossibilité de se procurer non pas seulement le manger, mais encore le vêtement, on comprendra alors pourquoi la fréquentation laisse toujours grandement à désirer. C'est un mal contre lequel il faut réagir à tout prix, avec tous les moyens qui sont en notre pouvoir : l'un de ces moyens, l'un des plus efficaces, ce sont précisément les Soupes scolaires, car les parents, alors, finiront par aimer l'école.

Si l'enfant, chaque jour, assiste à l'école ; s'il y va avec plaisir, sachant qu'il y trouvera un bon repas ; si un comité de bienfaisance ou toute autre charitable personne, ou bien même ses parents, car, pendant que leurs enfants sont pensionnaires de l'institution, ils peuvent faire quelques petites économies—lui achètent chaussure et habits, l'enfant, quelque pauvre qu'il soit, sera heureux, il sera content. Sa jeune raison lui montrera le bien que l'on fait pour lui : il voudra travailler, parce qu'il n'ignore point que c'est du travail, une occupation sérieuse que l'on attend de lui. L'enseignement portera ses fruits Au bout du semestre, ce petit, qui, si les Soupes n'avaient pas existé, aurait manqué souvent l'école et eût été mal nourri, arrive au printemps avec un visage plus gai et un bagage de connaissances plus lourd. L'institution des Soupes scolaires n'aurait-elle que ce résultat qu'elle s'imposerait aussitôt dans les centres de population un peu nombreuse, où, en d'autres mots, les difficultés de la vie sont plus grandes, la misère plus profonde et—ce qu'il ne faut pas non plus perdre de vue—le développement physique et intellectuel exige plus de soins.

Il y a encore une autre conséquence, qui n'est sans doute pas d'une importance directe, mais que l'on peut relever aussi. Si l'école publique doit faire naître des idées de fraternité, de solidarité humaine parmi la jeunesse qui la fréquente, à plus forte raison ces idées résulteront—elles de repas pris en commun. Nécessairement, pour les relations présentes et futures, les Soupes ont un excellent côté. On apprend forcément quelque chose qui échapperait à l'esprit si l'on n'y assistait pas. C'est que, dans le monde, il y a un sentiment élevé, large, désintéressé qui prend soin des pauvres petits, les nourrit, les habille, leur donne les moyens et l'occasion de s'instruire. Or, tout sentiment de ce genre finit toujours par éclater, par s'imposer. L'enfant le comprend bientôt, cela éveille son sens moral et il se reconnaît comme un membre d'une nouvelle et plus grande famille, la famille humaine, puisque celle-ci l'accueille avec sympathie. Je n'ai vu nulle part cette pensée exprimée. On n'y aura pas songé à coup sûr et, cependant, nous croyons qu'elle est vraie et qu'elle est sentie, non par tous, mais par plusieurs des enfants qui s'assoient à la table commune. Ce sont des agapes pour les faibles

les pauvres, les petits infortunés : ils ont l'intuition, la démonstration que leur misère n'est pas dédaignée, qu'ils ne sont plus seuls sur cette terre et que pour se montrer dignes des sacrifices que fait pour eux la société humaine, ils doivent travailler et chercher à devenir des hommes.

Et sur les parents, quelle influence peuvent avoir les Soupes scolaires? Leurs effets justifient-ils la sincérité de nos recommandations? Repondent-elles réellement à un but si social pour qu'on en conseille l'établissement partout, c'est-à-dire dans les localités où le besoin s'en fait le plus vivement sentir? En un mot, est-ce un bien ou un mal? Sans hésiter, nous disons : Oui, c'est un bien!

Toutefois, hâtons-nous de rappeler l'opinion que nous avons exposée dans le premier chapitre. Nous voudrions que les Soupes scolaires n'aient pas leur raison d'être, qu'il ne soit pas nécessaire d'en créer; en d'autres termes, que tous les enfants puissent trouver chez eux la nourriture et le vêtement suffisants. Le milieu le plus naturel pour lui, c'est la famille. Répétons-le sans crainte, ne serait-ce que pour bien déclarer que nous ne sommes pas d'accord avec le système que d'aucuns préconisent et qui consisterait à fonder des Soupes scolaires pour tous les écoliers indistinctement, pauvres et riches, les premiers y participant gratuitement, les seconds moyennant une contribution quelconque. C'est une erreur, et nous attirons tout spécialement l'attention des autorités et des commissions d'école sur ce sujet.

Au surplus, la famille aisée ne demandera jamais que les soupes s'ouvrent pour ses enfants—à moins que son domicile ne soit trop éloigné de la maison d'école où fonctionne l'institution, ainsi que nous l'avons dit autre part. Elle entend les nourrir elle-même, comme elle les habille. De cette façon aussi, on évite bien des abus, l'un entre autres, c'est que des parents sans conscience seraient capables de profiter de cette œuvre pour réaliser des économies ou s'adonner plus librement à leurs funestes passions. Il ne faut donc point—et nous insistons sur le côté de la question—que les Soupes scolaires se mettent en lieu et place de la famille. Celle-ci a un rôle et un rôle très sérieux à remplir : si elle ne le fait pas, elle manque à sa mission et la Société en supporte les fatales conséquences. S'il arrivait que l'institution des Soupes s'imposât pour tous les enfants, il vaudrait infiniment mieux qu'elles n'existassent point. D'ailleurs, tout esprit tant soit peu perspicace partage notre manière de voir, nous n'en doutons pas. Laissons donc au foyer, d'où l'existence n'est pas bannie, laissons-lui une part, la plus grosse, de responsabilité dans la tâche de nourrir et de vêtir, d'élever et d'instruire ses enfants. Du reste, c'est un devoir agréable et que tout père de famille, toute mère intelligente, soucieuse de l'avenir des siens, remplissent toujours avec plaisir. La Société, à notre avis, ne doit intervenir que pour les pauvres, les indigents et les déshérités : les Soupes scolaires ont par conséquent leur place marquée parmi les institutions sociales à l'aide desquelles on essaie de lutter contre cette lèpre moderne, qu'aucun médecin n'a pu guérir encore : Le paupérisme.

Car, les Soupes, loin d'encourager, d'entretenir la misère, tendent au contraire à la diminuer. Le principe que nous avons écrit ailleurs est toujours vrai, et le sera aussi longtemps que des êtres humains vivront sur cette terre : *Mors miseriæ mater.* Les Soupes scolaires, en contribuant à fortifier la santé, rendent donc moins fréquentes les maladies de toutes sortes. Pas n'est besoin de nous étendre plus longuement sur ce fait, connu de tous. Les familles pauvres ont grande peine à vivre, le salaire du père, les quelques centimes que gagne la mère ne pouvant ordinairement pas suffire. Pour nourrir tous les enfants, on a recours à l'emprunt, près d'un compagnon de travail, au crédit très limité chez les fournisseurs ; on fait de petites dettes par ci par là, car les grosses dettes sont interdites dans ces milieux. Une fois qu'on est dans l'impossibilité de payer, on perd courage, on cherche à "oublier" ses chagrins dans l'alcool, et la pudeur, le dernier degré de l'honnêteté, s'évanouit : j'ai vu d'anciens riches, qui jadis roulaient carrosse, mais devenus misérables, demander quelques sous avec une parfaite indifférence, une sorte d'effronterie qui indiquait bien l'effacement complet de tout respect humain.

Il est prouvé que le paupérisme cause ses plus affreux ravages dans les villes populeuses. On ne triomphera de cette epidémie qui atteint le corps et l'âme que par des moyens divers. Il s'identifie avec la question sociale et c'est pour en devenir maître que les classes laborieuses, depuis quelque vingt ans, sont si profondément agitées. L'homme ne sera jamais absolument heureux. Cette vérité banale admise, il en découle que si, aujourdhui, la société jouissait d'une réelle égalité, ce ne serait pas une raison pour que demain, dans six mois, il en fût toujours de même. La conclusion est donc que le paupérisme tentera longtemps encore les philanthropes sans qu'ils parviennent à découvrir la panacée universelle. Et si, dans ce dernier chapitre, nous revenons sur cet objet, c'est que justement les Soupes scolaires ont pour effet d'atténuer les misères nombreuses et variées qu'engendre le paupérisme.

On fait bien cette objection : en prenant à la famille les enfants qu'elle a charge d'élever, vous lui rendez un fort mauvais service. On ajoute ensuite : Vous poussez le père à se désintéresser complètement des siens. Il oublie bientôt que pour lui c'était un devoir de les entretenir, et, n'étant plus retenu par ce lien, il quitte le foyer et tombe dans l'oisiveté et le vice.—Non, ce n'est pas vrai ! Les

Soupes scolaires n'ont point ce résultat. Au contraire, leur influence est tout autre. Elles ont pour conséquence un soulagement réel dans les dépenses de la famille. Trois, quatre enfants qui reçoivent le manger aux Soupes, c'est autant d'économie pour les petits et les grands qui restent. Les uns et les autres seront mieux nourris. La désaffection du père et de la mère ne se produit pas non plus, attendu qu'ils ont leurs enfants le matin et le soir, les dimanches et les jours de vacance, et que, presque partout où il existe des Cuisines scolaires, elles ne distribuent de la nourriture que pendant la mauvaise saison. Le paupérisme ne peut donc pas naître de cette institution. Ce n'est pas en fortifiant la santé, celle du petit enfant surtout, c'est-à-dire, en donnant aux plus pauvres la possibilité de travailler, que l'on marche à la misère.

Il y a aussi une observation importante que nous devons bien nous garder de passer sous silence. En général, on estime que la charité officielle, consacrée par des lois et des règlements ou toute une administration publique, cette charité-là a quelque chose de dégradant, une espèce de cachet honteux qui s'imprime pour ainsi dire sur le front de ceux qui en sont l'objet. C'est, croyons-nous, un peu le cas. Les rapports des directions d'assistance ne nous apprennent rien de bien positif à cet égard ; mais, dans le cours de notre vie, mêlée aux affaires publiques, nous avons eu plus d'une fois l'occasion de constater l'influence déprimante de la charité légalement organisée. L'indigent, le nécessiteux est connu ; son état civil est inscrit dans le livre des pauvres. Le monde le sait ; la liberté individuelle en souffre : c'est un être fini. Se hasarde-t-il à émettre une opinion, on lui jette à la face les secours qu'il reçoit ; se renferme-t-il en lui-même, alors il se trouve petit, malheureux, sa valonté s'atrophie.

Les Cuisines ou Soupes scolaires ont un effet diamétralement opposé. Elles s'adressent d'abord à des enfants, dont la nature est plus souple et l'avenir nullement effrayant. La vie ni la société n'ont pas encore eu le temps d'en gâter le ressort. En outre, la personne qui donne volontairement pour les petits n'entre pas en rapport direct avec le jeune monde qu'il soulage. Ce dernier n'ignore cependant pas que ce sont des particuliers généreux, des sociétés de bienfaisance, voire même la communauté qui organisent les repas auxquels il assiste ; toutefois, c'est à vrai dire d'une façon si impersonnelle, l'expression est permise, et si aimable que cela se fait, qu'il n'en résulte jamais aucun désagrément d'accepter la charité ainsi offerte.

Il en est de même pour les parents. Le voisin, souvent, ne sait pas si vos enfants prennent part aux Soupes ou s'ils n'y participent pas. D'ailleurs, ce n'est jamais présenté comme une aumône, car on admet encore que la famille pourrait nourrir toute la nichée : quand il y a pour quatre, il y a pour cinq. On n'a non plus aucune démarche à faire, aucune requête à adresser ; cela s'organise simplement, sans grand bruit, dans l'intérieur des bâtiments scolaires, entre les membres des Comités et du corps enseignant. Toute nomenclature officielle est écartée : l'enfant reçoit sa ration, la mange avec appétit, car c'est propre et bien cuit, bien chaud et de provenance sûre, et, en rentrant à domicile, l'estomac satisfait le laisse vaquer à ses petites tâches journalières.

Il va de soi que toute bonne action, toute institution généreuse et philanthropique doit élever le sentiment moral d'une population. C'est encore un des effets des Soupes scolaires. Aussi avons-nous pu nous apercevoir fréquemment de l'influence-moralisatrice de cette œuvre excellente. Nous tenons à citer quelques localités, des villes suisses, par exemple, Genève, Bâle et Berne,—il y en a d'autres encore—où, sans avoir aucunement recours aux fonds publics des municipalités ou de l'Etat, l'argent nécessaire aux Cuisines scolaires se recueille sans difficulté, sans qu'il soit besoin d'en appeler fort souvent à la générosité des familles dans l'aisance. Que signifie ce fait, très réjouissant ? C'est que cette institution est éminemment populaire, qu'elle rencontre partout l'adhésion et la sympathie entières des masses et que tous ceux qui le peuvent, y contribuent de leurs deniers, avec empressement, sans se faire prier en aucune façon. Les Soupes auxquelles nous avons le plaisir de nous intéresser, dans notre modeste sphère d'activité et qui, sur près de douze cents enfants qui fréquentent nos écoles, en réunissent chaque jour environ cent soixante depuis plusieurs années, ont toujours pu se subvenir à elles-mêmes par des souscriptions particulières. N'est-ce pas la meilleure preuve qu'elles répondaient à un besoin et sont bien appréciées de tout le public ?

Il faudrait voir aussi comme le peuple, et non pas seulement les riches, mais surtout le monde ouvrier, s'en occupe activement. On n'organise aucune fête, il ne se passe pas une soirée dansante, ni banquet de société, sans sa petite collecte en faveur des Soupes scolaires. On mèle l'utile à l'agréable. Et les bourses se délient, la recette est abondante et la nourriture de nos pauvres enfants assurée. Les divergences d'opinions politiques et religieuses disparaissent : on donne parce que c'est une œuvre humanitaire, parce que l'on sait qu'on accomplit une bonne action et qu'il y a quelque part, qu'il y a toujours d'intéressantes misères à soulager. J'ai rarement vu une unanimité aussi touchante, aussi réconfortante. Plusieurs refusent de souscrire pour des bureaux de bienfaisance : ils se feront un plaisir de participer aux

Soupes scolaires et d'offrir leur obole sans même qu'on la leur demande.

Oui, elles deviennent plus populaires de jour en jour. Et c'est parfaitement naturel. Le but qu'elles poursuivent est d'ailleurs si humain, si beau et si bien dans l'esprit qui doit animer la société. Cette charité, de plus, n'est pas vaine, elle ne favorise ni la paresse ni le vice ; elle coopère, au contraire, à l'instruction de futurs citoyens, ouvriers, artisans, et des mères de famille, lesquels, plus tard, se souviendront avec un sentiment de reconnaissance, de ce que l'on aura fait pour eux lorsqu'ils étaient petits, réunis ensemble dans les classes qu'ils fréquentaient.

C'est pourquoi il est de notre devoir de nous associer à cette belle institution, de chercher à l'introduire dans toutes les villes où les circonstances locales le permettent. Si les Cuisines scolaires sont établies avec intelligence, des hommes dévoués étant placés à leur tête, elles ne failliront pas à la tâche que l'on se propose par leur création. Leurs effets seront permanents, leur influence moralisatrice sera salutaire, et l'humanité, consciente de sa mission, de la solidarité de tous ses membres, et fidèle au grand et sublime principe de la fraternité universelle, verra bien des maux soulagés, ses enfants mieux nourris et mieux instruits, par conséquent mieux préparés pour les temps à venir, et elle pourra, avec orgueil, contempler une œuvre qui lui fait et lui fera toujours le plus légitime honneur— la gloire de notre siècle, nous écrit un publiciste distingué.

Il ne nous reste pas d'autres détails de quelque valeur à donner sur le rôle des Soupes scolaires. Leur institution et leur fonctionnement nous paraissent tellement simples et découlent si justement des observations et des expériences que nous venons de relater dans les pages précédentes, que nous croyons devoir terminer cette étude par les considérations générales et les conclusions exposées ci-après :

La société, si elle entend assurer plus ou moins son avenir, lutter avec un succès de plus en plus certain contre toutes les misères qui l'affligent et parfois entravent sa marche vers le soleil levant du développement infini, doit en premier lieu vouer toute son attention, toute sa sollicitude au monde des enfants, qui seront, dans dix, vingt ans, la société de demain. Jusqu'à cette fin de siècle, chaque fois qu'il s'est agi de secourir l'infortune on a songé principalement aux adultes, à ceux, qui étaient frappés directement par l'adversité. L'enfant ne comptait pas à côté du père et de la mère, et l'on se disait avec assez de raison que si ceux-ci étaient secourus, l'autre l'était aussi. Maintenant, on commence à comprendre que le système, tout excellents que soient les fruits qu'il a produits, n'embrassait cependant pas toute la tâche qui incombe à la société. Pour éviter la blessure, il ne faut pas s'exposer au danger ; souvent, pour la guérir, une fois qu'elle est faite, il ne suffit pas d'usager un onguent quelconque. Il faut, au contraire, l'attaquer par une médication intérieure, donc remonter aux causes virtuelles de sa résistance à se cicatriser. Nous pouvons établir les mêmes principes pour aboutir dans la lutte entreprise contre le paupérisme : préparons l'enfant pour la vie pratique, donnons-lui une instruction solide, un sens moral développé, un caractère ferme et un corps fort et nous aurons alors la certitude que la génération qui nous suit, comme celles qui viendront après, ne trouveront plus sur leur route ni tant de misères à soulager, ni tant de maladies à guérir, ni tant de vices à châtier. Un grand homme d'Etat, partisan convaincu de l'abolition de la peine de mort, prononçait un jour ces paroles remarquables. « La Société humaine ne réussira « dans son œuvre d'émancipation qu'à la condition de

" s'occuper toujours avec plus de soins des enfants aban-
" donnés, de tous ces pauvres petits êtres, qui, laissés à eux-
" mêmes ou à des parents négligents, entretiennent pour
" l'avenir la perpétuité de la misère, souvent du vice et des
" maladies. L'instruction et l'éducation doivent remplacer
" l'échafaud."

Pouvons-nous mieux montrer l'intérêt que nous portons à cette jeunesse pauvre et malheureuse, innocente encore et confiante en l'avenir, qu'en la conviant à un repas commun où ses lèvres, qui aiment tant à sourire, apaisent leur faim et apprennent à murmurer, tout au fond de son âme, les saintes expressions de fraternité et de reconnaissance ?

Les conclusions que nous indiquons ci-dessous subissent à coup sûr certaines modifications, commandées soit par l'organisation scolaire, soit par la fortune publique, ou bien soit encore par la vie industrielle de telle ou telle grande ville. Toutefois, nous estimons qu'elles reproduisent à peu près l'esprit, les idées et le but qui ont présidé à l'établissement des Soupes scolaires dans les pays d'où nous avons obtenu des renseignements. Et il nous semble qu'en les prenant pour bases, il est possible d'établir pratiquement cette œuvre recommandable sous tous les rapports.

Attendu que l'institution des Cuisines ou Soupes scolaires est d'une nature essentiellement philanthropique et qu'elle atteint directement son but, qui est de donner aux enfants pauvres une nourriture saine et abondante ;

Que, comme telle, elle est un des moyens à l'aide desquels on peut préparer une génération robuste, plus capable de remplir la destinée que lui imposent les conditions de la vie actuelle ;

Que c'est une des mesures les plus efficaces pour battre en brèche le paupérisme dans sa racine et, pour l'avenir, le règne de la misère et du vice, puisque, de cette façon, les enfants du pauvre jouissent, pendant leur premier développement, d'une excellente alimentation, ce qui est très favorable à la santé, et, comme conséquence, absolument nécessaire pour obéir, plus tard, à la loi éternelle du travail ;

Que, non seulement ainsi qu'on vient de le dire, elle contribue à la santé publique et fera des vides dans les hôpitaux, mais encore assure, par une fréquentation de l'école plus régulière, l'instruction des enfants pour qui on l'a fondée, chose aussi indispensable pour se créer une place dans le monde, si petite que celle-ci puisse être ;

Que la plupart des autorités, des Commissions scolaires, des Comités de bienfaisance, des pédagogues et des hommes de cœur en conseillent la pratique sage et générale ;

Qu'elle rend, en outre, de réels services aux familles pauvres, aux familles d'ouvriers vivant au jour le jour, lesquelles, par là, sont déchargées pour le principal repas de la journée, d'un ou de plusieurs enfants, ce qui fait que les autres membres de la famille restant à la maison peuvent aussi se nourrir plus abondamment et plus sainement ;

Que cette institution, bien appliquée, n'empiète ni sur la liberté individuelle, ni sur celle du corps social ; qu'elle ne détruit pas la responsabilité morale des parents et n'exerce aucune influence fâcheuse ou dégradante ni sur les relations sociales des familles ni sur les rapports des enfants entre eux.

Pour ces diverses raisons, et d'autres plus secondaires émises dans ce qui précède, nous posons comme thèses :

1. Des Soupes ou Cuisines scolaires seront établies dans toutes les grandes villes, particulièrement dans les

cités industrielles où les gains de l'ouvrier sont absorbés par les besoins de tous les jours.

Les localités moins populeuses, dès qu'elles se trouveront en mesure de la faire, suivront cet exemple.

2. Les enfants pauvres seuls y seront admis et d'une manière gratuite. On fera une exception en faveur des écoliers dont le domicile est trop éloigné de la maison d'école pour s'en retourner chez eux entre les heures du matin et du soir. Toutefois, ceux dont la situation des parents le permettra, paieront alors la valeur d'un repas, qui sera fixée exactement au prix de revient ;

3. Les frais d'installation, d'administration et de distribution, ainsi que les dépenses occasionnées pour la préparation des Soupes, seront supportées par des souscriptions volontaires, des produits de concerts, des collectes, etc., etc.

4. Si ces sommes ainsi recueillies ne suffisent point, on fera appel à la caisse communale et aux sociétés ou bureaux de bienfaisance, bien entendu si ceux-ci ont assez de ressources pour secourir l'œuvre.

5. Les Soupes scolaires sont placées sous la surveillance d'un comité spécial, qui rendra compte de sa gestion à la Commission scolaire ou au Conseil municipal. Cette dernière autorité, si elle le juge à propos, délégue l'un de ces membres dans ce comité.

6. Le corps enseignant désigne les enfants qui doivent participer aux repas, sous le contrôle des Commissions scolaires. L'assistance du médecin peut être requise pour tous les cas où son avis serait utile.

De même aussi, les renseignements fournis par les bureaux de bienfaisance seront pris en considération dans la mesure du possible.

7. Il n'y a qu'une distribution d'aliments par jour, qui se composera de pain de bonne qualité et de soupe chaude et bien nourrissante, de nature variée. Suivant les localités, les fonds dont l'on dispose et un peu le genre d'alimentation, cette distribution peut comprendre, toujours avec du pain, du lait, ou des légumes et de la viande.

8. Le corps enseignant lui-même procède à la distribution et les membres du comité la surveillent à tour de rôle ou par une personne déléguée à cet effet.

9. Dans chaque maison d'école, si elle contient plusieurs classes, on installera la Cuisine scolaire. Dans le cas où l'organisation par quartier serait plus pratique, une salle serait aménagée dans ce but pour plusieurs maisons d'école.

10. La personne chargée de préparer les aliments se trouve sous la direction immédiate du comité. Elle est rétribuée en raison de son travail et selon les salaires que l'on donne dans chaque ville.

11. La distribution des Soupes ne se fait que pendant la mauvaise saison. Cependant, pour certaines cités industrielles, si l'école se tient l'avant et l'après-midi, il est désirable que la distribution soit aussi continuée durant une partie de l'été—à condition que les fonds disponibles autorisent ce surcroît de dépenses.

12. En cas de cessation du fonctionnement d'une Cuisine scolaire, l'actif qui pourrait en résulter, retournera à une autre œuvre de bienfaisance.

13. Chaque fois que l'on voudra installer une Cuisine dans une localité où il n'en existe point, on débutera avec la prudence la plus extrême, n'acceptant, pour commencer, que les enfants les plus

nécessiteux. Selon le résultat obtenu, on verra bientôt si l'on peut organiser l'institution sur de plus vastes bases.

14. Enfin, et autant que possible, le public sera renseigné sur la marche de l'œuvre. De cette manière, on entretiendra une vive émulation autour de la Cuisine scolaire, ce qui est la première condition d'un succès certain.

FIN.

APPENDICE.

Nous publions ci-dessous deux pièces officielles :

1. Le réglement sur le fonctionnement des Cantines scolaires, réglement approuvé par décision de M. le Préfet de la Seine (France) et dont un exemplaire, imprimé en gros caractères, est affiché en un lieu apparent de chacune des écoles.
2. Les Statuts d'une Société qui s'est fondée à Vienne pour distribuer une nourriture saine et chaude aux enfants pauvres.

La première repose sur la participation financière de la Commune de Paris aux Cantines scolaires ; la seconde a pour base la souscription volontaire, la charité privée. On a pu voir, par nos conclusions, que nous faisons appel à ces deux facteurs, dans la mesure du possible et suivant les ressources de chacun, pour l'organisation de cette œuvre excellente. Nulle part, c'est-à-dire ni en Allemagne, ni en Autriche, ni en Belgique, ni en France et pas plus aux Etats-Unis qu'en Suisse, nous n'avons trouvé de réglement élaboré par l'Etat et soumettant les Soupes scolaires à son exclusive direction.

Réglement des Cantines.

Art. 1er.—Conformément aux délibérations du Conseil municipal de Paris, approuvé par M. le Préfet de la Seine, la Caisse des Ecoles du XVIIIe arrondissement vient d'étendre l'organisation des Cantines scolaires à toutes les écoles primaires et maternelles de l'arrondissement pour fournir aux enfants fréquentant les écoles, au repas de midi, des aliments chauds et sains.

Art. 2. Le fonctionnement de ces cantines a lieu sous la surveillance et la haute direction du Conseil d'administration, des dames déléguées et avec l'obligeant concours de MM. les directeurs et de Mmes. les directrices des écoles.

ART. 3. Chaque cantine est tenue par une cantinière qui est au service de la Caisse des Ecoles. Le Conseil fixe ses appointements, suivant l'importance de la cantine qu'elle a à desservir et après avoir pris l'avis de la dame déléguée.

ART. 4.—§ 1er. Le Conseil nomme et révoque les cantinières, toutefois, en cas d'urgence, la dame déléguée aura le droit de suspendre provisoirement une cantinière, et de la remplacer par une cantinière suppléante jusqu'à décision du Conseil.

§ 2. Il y aura, selon les besoins du service, une ou plusieures cantinières suppléantes, nommées ou révoquées dans la forme indiquée à l'article 4.

ART. 5.—§ 1er. Les aliments servis quotidiennement aux enfants consistent en soupe, viande et légumes, divisés par portions.

§ 2. Le prix de chaque portion est fixé à *cinq* centimes, soit pour le menu complet du jour à *quinze* centimes.

§ 3. En aucun cas, l'un de ces trois aliments ne sera délivré séparément.

ART. 6.—§ 1er. Le chauffage des aliments apportés du dehors par les enfants est subordonné aux agencements des appareils de cuisine. Les autorisations de chauffage sont données par la dame déléguée.

§ 2. Il est interdit à la cantinière de faire cuire des aliments crus qui seraient apportée du dehors.

ART. 7. Pour aucune raison et sous aucun prétexte la cantinière ne doit recevoir d'argent des enfants.

ART. 8. L'entrée des cantines est interdite à toute personne étrangère au service.

ART. 9.—§ 1er. Les aliments sont fournis contre des jetons représentant chacun une valeur de *cinq* centimes.

§ 2. Les jetons sont délivrés le matin, à l'entrée des classes, aux enfants ou à leurs parents, par les soins de

MM. les directeurs ou de Mmes. les directrices des écoles contre la remise de l'argent qu'ils représentent.

§ 3. Les familles qui seraient dans l'impossibilité d'acheter les jetons pour la nourriture de leurs enfants devront en faire la demande par lettre adressée au maire de l'arrondissement, président de la Caisse des écoles.

§ 4. Les parents seront avisés de la décision du conseil.

§ 5. Les jetons gratuits sont délivrés par MM. les directeurs et Mmes. les directrices des écoles aux enfants qui, après enquête, seront admis à jouir de la gratuité.

§ 6. Cette distribution se fera de façon à sauvegarder, dans tous les cas, la dignité de l'enfant assisté, et ne devra jamais être faite par d'autres personnes que les instituteurs et les institutrices.

ART. 10. Les jetons sont reçus par la cantinière au moment de la distribution des portions alimentaires.

Aussitôt après le repas, la cantinière compte les jetons qu'elle a reçus et les remet chaque jour au directeur ou à la directrice de l'école : le nombre de ces jetons est inscrit sur un registre spécial qui est signé chaque jour par le directeur ou la directrice, ainsi que par la cantinière.

ART. 11. La comptabilité des cantines est centralisée à la mairie où se trouve un bureau spécial ouvert tous les jours de la semaine de 8½ heures à 9½ heures du matin et le dimanche de 8 à 10 heures du matin.

ART. 12. Les dames déléguées vérifieront et arrêteront à la fin de chaque mois les comptes relatifs aux cantines de leur circonscription, en y ajoutant telles observations qu'elles croiront utile de faire dans l'intérêt du bon fonctionnement du service.

ART. 13. Le présent réglement sera imprimé et affiché dans chacune des écoles pourvues de cantines, de telle sorte que tous puissent en prendre connaissance.

STATUTS
DE LA
SOCIÉTÉ CENTRALE DES SOUPES SCOLAIRES
DE
VIENNE.

ART. 1er.

La Société porte le nom de "Société Centrale des Soupes scolaires" et a son siége à Vienne (Autriche).

Le but de la Société est de donner un dîner aux enfants pauvres qui sont privés de la nourriture nécessaire.

ART. 2.

Cet but peut être atteint :—

(*a.*) Par la fondation de Cuisines scolaires où a lieu la distribution ;

(*b.*) Par la remise de jetons pour les Cuisines populaires ;

(*c.*) Par le renvoi d'enfants nécessiteux à la table de familles aisées ;

(*d.*) Par la remise de fonds ou prix de pension, en faveur de certains enfants, aux chefs de pensions privées ou aux institutions organisées comme les Cuisines populaires.

ART. 3.

Les ressources financières d'œuvre sont assurées :—

(*a.*) Par les cotisations des fondateurs ;

(*b.*) Par les cotisations des membres ;

(*c.*) Par les dons volontaires ;

(*d.*) Par le produit de fêtes ou de répresentations données dans ce but, de bals, de conférences, collectes, etc. ;

(*e.*) Par des loteries ;

(*f.*) Par l'intérêt des capitaux du fonds des Soupes.

ART. 4.

Le Comité de la Société cherche à assurer à celle-ci le précieux appui d'une autorité protectrice de l'œuvre.

ART. 5.

La Société est composée des membres suivants :—

(*a.*) Des membres honoraires ;
(*b.*) Des patrons de l'œuvre ;
(*c.*) Des fondateurs ;
(*d.*) Des membres payants.

ART. 6.

Peuvent être nominées membres honoraires toutes les personnes qui, d'une manière toute particulière, auront servi les intérêts de la Société ou soutenue de leur influence.

ART. 7.

Sont considérés comme patrons de l'œuvre ceux qui, une fois pour toutes, verseront pour le fonds capital la somme d'au moins 1,000 florins.

Les membres fondateurs sont ceux qui, en entrant, versent une fois pour toutes, la somme d'au moins 300 florins.

ART. 8.

Les membres payants sont ceux qui versent chaque année la somme d'au moins 2 florins ou déposent, une fois pour toutes, au moins 50 florins.

ART. 9.

Tous les membres jouissent du droit de vote et du droit d'élection.

ART. 10.

Les membres de la Société usent de leurs droits dans l'assemblée générale, laquelle est apte à prendre une décision dès que 50 membres sont présents.

Au cas où la première assemblée n'a pas le *quorum* voulu, une seconde assemblée est convoquée avec le même ordre du jour, dans la quinzaine suivante; elle peut alors prendre telle résolution qui lui plaît, et cette résolution engage tous les membres.

ART. 11.

L'assemblée générale est ordinaire ou extraordinaire. L'assemblée ordinaire se réunit une fois par an.

ART. 12.

L'assemblée générale extraordinaire est convoquée, outre les cas prévus à l'Art. 21 litt. d., dans l'espace de quatre semaines, lorsque la demande en est faite par écrit auprès du président par au moins 20 membres.

ART. 13.

Chaque membre n'a droit qu'à une voix dans les assemblées générales. Le droit de vote est exercé personnellement.

ART. 14.

Est réservé à l'assemblée générale :

(*a*.) La remise du rapport sur la marche de la Société et la répartition des charges;

(*b*) La nomination au président et de ses deux remplaçants ou vice-présidents ;

(*c*) L'élection du Conseil d'administration dont les membres sont choisis dans la Société;

(*d*) La nomination de scrutateurs;

(*e*) La nomination au titre de membre honoraire;

(*f*) La révision ou le changement des Statuts ;

(*g*) La fusion avec une autre ou plusieurs sociétés;

(*h*) La dissolution de la Société.

Pour le cas prévus lettres *f*, *g* et *h*, il faut au moins les 2/3 de majorité; pour les autres cas c'est la majorité absolue qui décide.

Le consentement du Conseil municipal de la ville de Vienne est obligatoire pour tout achat ou vente d'immeubles, pour toute révision des articles 1 à 3 des statuts de la Société, ainsi que pour la fusion avec d'autres sociétés en suite de décision prise par l'assemblée générale.

En cas de dissolution de la Société, les fonds disponibles reviendront de droit à la commune de Vienne pour des œuvres analogues.

Les propositions qui doivent être présentées en assemblée générale devront être au préalable communiquées au Conseil d'administration au moins quinze jours avant la réunion de l'assemblée générale.

ART. 15.

A la tête de la Société se trouve le président élu par l'assemblée générale avec deux vice-présidents. Le président, ou, en cas d'empêchement, l'un des deux vice-présidents représente la Société dans les affaires extérieures avec tous les droits dévolus à un fondé de pouvoirs.

Tout acte émanant de la Société portera la signature légalisée du président, et, en cas d'empêchement, de l'un des vice-présidents. Toutes les publications officielles de la Société se font par les soins du comité et par la voie de l'un ou l'autre journal de Vienne, que désigne le comité exécutif avec notification à tous les membres.

ART. 16.

Le Conseil d'administration se compose, outre le Président et ses remplaçants (vice-présidents), d'au moins 18 membres et de 30 au plus. 6 d'entre eux sont nommmés par le Conseil municipal de Vienne et choisis dans son sein en assemblée publique. Les autres membres sont nommés par l'assemblée générale.

La durée des fonctions est de trois ans. (Ici une longue explication sur le mode de sortie et de réelection des membres que nous omettons) et nous ajoutons. Tout membre est immédiatement rééligible).

Les délégués du Conseil municipial conservent leur mandat aussi longtemps qu'ils font partie de ce Conseil.

Le Conseil d'administration peut, cas échéant, se compléter lui-même par voie d'appel, jusqu'à la prochaine assemblée générale.

Toutefois, le nouveau membre devra se soumettre à une nouvelle élection à la plus prochaine assemblée générale.

ART 17.

Le Conseil d'administration choisit dans son sein 6 membres, qui, avec le président et les deux vice-présidents, forment le Comité exécutif. A ce dernier incombe la direction des affaires de la Société, pour autant que celles-ci ne soient pas du ressort du Conseil d'administration. Ce Comité exécutif doit vouer particulièrement son attention à la création de comités locaux, à leur organisation, à la surveillance et à l'installation de Cuisines scolaires, à la nomination de desservants (cantiniers et cantinières), aux rapports à entretenir avec les Cuisines populaires.

Le Comité exécutif s'occupe aussi de l'achat des denrées et du combustible, de la gestion des biens de la Société. Il dispose d'une somme qui peut s'élever à flo. 500. Il peut faire un paiement, renouvelé annuellement jusqu'à la concurrence de flo. 100.

La durée des fonctions est de trois ans. A l'expiration de ce terme, un membre ne peut être réélu que s'il fait encore partie du Conseil d'administration.

ART. 18.

La présence de cinq membres et la majorité absolue suffisent pour que toute décision du Comité exécutif soit valable.

ART. 19.

Le président ou l'un des vice-présidents dirige les délibérations du Comité exécutif et il signe les actes relatifs aux affaires intérieures. En cas d'urgence, le président ou son remplaçant peut traiter les affaires courantes imprévues, mais ces actes devront être ratifiés par le Comité.

ART. 20.

Le Comité exécutif est tenu de fournir, à la fin de chaque année, un rapport sur la marche de la Société au Conseil d'administration, lequel le soumettra à l'assemblée générale ainsi qu'au Conseil municipal.

ART. 21.

Au Conseil d'administration incombe tout ce qui est relatif à la direction des affaires générales de la Société et qui ne sont pas du ressort de l'assemblée.

Il lui incombe en particulier :

(*a.*) L'examen et la discussion préalable de toutes les questions qui doivent être soumises à l'assemblée ;

(*b.*) La surveillance de la Caisse et des comptes de la Société ;

(*c.*) La conclusion de contrats, de marchés divers (achats et ventes) ainsi que le soin des affaires concernant la gestion de la fortune de la Société, au cas ou le chiffre de 500 fl. ou une dépense annuelle de 100 fl., seraient dépassés. La vérification des comptes se fait par les réviseurs élus dans l'assemblée ;

(*d.*) La convocation des assemblées générales extraordinaires qui peut en tout temps être décidée par le Conseil d'administration ;

(*e.*) La gestion des fonds de la Société dont les intérêts seuls peuvent être employés au but que poursuit la Société ;

(*f.*) L'établissement de l'ordre du jour pour le Conseil d'administration et le Comité exécutif.

ART. 22.

Le Conseil d'administration tient séance aussi souvent que le besoin l'exige. La majorité absolue suffit pour toutes ses décisions. Dès que 9 membres sont présents, une résolution quelconque est valable. Lorsqu'il s'agit de la nomination du Comité exécutif, la présence de la majorité des membres du Conseil d'administration est nécessaire.

ART. 23.

Lors des séances du Conseil d'administration les membres du Comité exécutif n'ont pas le droit de vote, s'il est question des comptes. Dans ce cas, il faut que, outre les membres du Comité exécutif, il y ait au moins neuf autres membres du Conseil d'administration.

ART. 24.

Les Comités locaux ont les obligations suivantes :

1. La recherche des enfants pauvres et leur renvoi aux Soupes scolaires ;
2. La surveillance et la direction des Cuisines scolaires ;
3. La recherche de tables ou pensions gratuites dans des maisons privées et le renvoi des enfants pauvres dans ces maisons ;
4. L'extension à donner aux Soupes scolaires et la recherche des moyens propres à en augmenter les ressources (Art. 3).

Les Comités locaux peuvent être dissous suivant les circonstances.

Les personnes qui ne font pas partie de la Société sont aussi éligibles dans les Comités locaux.

ART. 25.

Tout différent surgissant au sein de la Société sera tranché par un tribunal arbitral pour la composition duquel chaque partie aura le droit de choisir un membre de la Société. Le maire de Vienne (Bürgermeister) désigne comme président de ce tribunal un membre du Conseil municipal.

Approuvé le but et l'existence de la Société, ainsi que ses statuts.

Le gouverneur Royal et Impérial

(Signé) BARON DE POSSINGER, *m.p.*

VIENNE, *le* 31 *décembre*, 1887.

L.S.

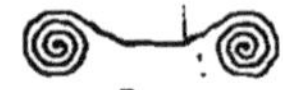

DU MÊME AUTEUR :

LA PATRICIENNE. *Etude de mœurs suisses.*

LE SURMENAGE INTELLECTUEL. *Ce travail a obtenu le 2e prix dans un concours de l'Académie de l'Yonne (France).*

(S'ADRESSER À L'AUTEUR.)

VA PARAÎTRE :

LE CRIME DES SAPINEAUX. *(Une erreur judiciaire). Nouvelle de 240 pages.*

www.ingramcontent.com/pod-product-compliance
Ingram Content Group UK Ltd.
Pitfield, Milton Keynes, MK11 3LW, UK
UKHW020327250726
13967UKWH00004B/1907

9 782011 928122